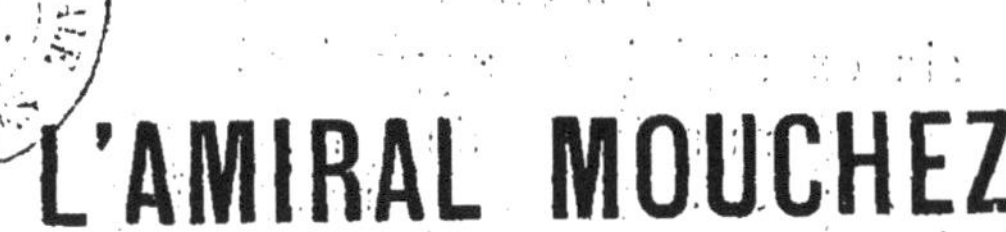

L'AMIRAL MOUCHEZ

Il a été tiré
six exemplaires sur papier Japon
numérotés de 1 à 6
et cent cinquante exemplaires ordinaires
numérotés de 7 à 156

EXEMPLAIRE N° *156*

L'AMIRAL MOUCHEZ

ET LA DÉFENSE DU HAVRE

PENDANT LA GUERRE DE 1870-71

Son Séjour
comme Commandant Supérieur
des Forces de Terre et de Mer réunies pour
la Défense du Havre
(18 Octobre 1870 — 7 Mars 1871)

PAR LÉON LAFORGE

Membre des Académies d'Angers et de Mâcon, de la Société d'Histoire
contemporaine de Paris, etc.

AVEC UNE

LETTRE-PRÉFACE

DE

M. le contre-amiral RALLIER DU BATY

Ancien commandant supérieur de la Défense du Havre
pendant la guerre de 1870-71

PARIS

E. DUMONT

32, rue de Grenelle

1897

A Monsieur

LE Lᵗ-COLONEL COMTE A. D'HARCOURT

En témoignage reconnaissant de sa bonne amitié

JE DÉDIE CE LIVRE

L. L.

PRÉFACE

L'Amiral MOUCHEZ

Cher Monsieur,

En faisant appel à mes souvenirs vieux déjà de vingt-cinq ans, pour vous donner en manière de préface, quelques impressions personnelles, vous faites revivre devant mes yeux, une période douloureuse, mais comme me le disait l'autre jour (1) le président Félix Faure, « une période où l'on vivait puissamment, chacun mettant au service du pays, tout ce qu'il avait de forces vives. »

La grande figure de Mouchez synthétise pour le Havre, cette époque vivante entre toutes.

Il avait d'éminentes qualités ; une haute intelligence, une grande bravoure personnelle, un ardent patriotisme. C'est cette dernière qualité qui m'avait attaché à lui au point que je l'ai servi comme un ami, plutôt que comme un chef et non-seulement par devoir, mais avec passion, pour la cause sacrée à

---

(1). — Il est bon de rapppeler ici, que lors de son voyage présidentiel dans le midi de la France, M. Félix Faure s'entretint longtemps et amicalement avec M. le contre-amiral Rallier du Baty.

laquelle il se donnait lui-même tout
entier.

Peu de gens savent comment il fut
nommé commandant supérieur du
Havre ; j'y fus bien pour quelque chose. A peine arrivé au Havre, je voulus
voir les fortifications qui s'esquissaient
autour de la place. Un an passé au
siége de Sébastopol m'avait donné pour
ce genre d'ouvrages un intérêt passion-
né et aussi quelque compétence.

Je fus guidé dans ma tournée par un
compatriote breton, Guyot, inspecteur
des télégraphes, natif de Vannes comme moi. Il me présenta à Dufour et à
quelques autres patriotes très fiers de
cette ligne de défenses, dont ils avaient
l'initiative.

Qu'en pensez-vous me dirent-ils ?

— Eh ! mais qu'elle sera suffisante
pour vous préserver d'un coup de main
sinon d'un siège en régle... mais encore faut-il l'achever et du train dont on
y va....

Le lendemain d'accord avec eux, je
vis le colonel Massu et lui parlai de ses
lignes.

— Heu ! heu ! me dit-il, ils ont voulu des fortifications ... Eh bien ! on
leur en a fait... et si l'ennemi nous
laisse le temps... mais avec des gardes-
nationaux, à quoi cela servirait-il ?

— Eh bien ? demandèrent mes nouveaux amis qui m'attendaient sur la
place. — Eh bien, c'est sans doute un
brave homme, mais un homme usé,
découragé et qui ne croît pas au succés.--
Et votre commandant Mouchez ?

— Ah ma foi, je ne le connais pas sous ce point de vue, mais il est hardi, fort intelligent et patriote jusqu'au bout des ongles. Par ailleurs, vous pouvez compter que je l'aiderai de toutes mes forces.

— C'est bien, nous irons à Tours.... et deux jours après Mouchez était nommé, il n'a jamais su comment.

Il se mit aussitôt à l'œuvre avec une activité dévorante et naturellement, nous l'aidions de notre mieux, il fallait coûte que coûte être prêts avant l'arrivée de l'ennemi.

Chaque jour, nous faisions la tournée des forts et batteries, les armant avec les canons pris dans les batteries de côte et à bord de nos navires. Chacun y mettait du sien et au bout d'un mois de ce travail incessant, notre ligne de 12 kilomètres était sensiblement achevée, sauf une grande lacune sur la gauche, on était allé au plus pressé et la droite, côté probable de l'arrivée de l'ennemi faisait excellente figure.

Nous en avions redressé toutes les défectuosités : la redoute de Cancriauville était fort mal orientée, eu égard au point probable où l'ennemi s'établirait ; on ne pouvait pas la refaire, mais nous dévoyâmes les embrasures, pour en rendre le tir pratique.

Notre ligne à la rigueur, pouvait être tournée à droite, par les marais de la *Lézarde*, nous établimes sur la côte, quelques canons battant ce marais.

Un commandant d'artillerie, voulant en essayer les pièces, en fit tirer une

vers la terre, en la pointant le plus bas
possible. Il comptait bien que le boulet s'enfoncerait dans la terre molle,
mais pas du tout, il ricocha et fut se
promener dans un village, à 2 ou 3 kilomètres. Nous étions mortellement
inquiets, craignant un accident de personnes, mais heureusement, nous en
fûmes quittes pour quelques dégâts ma-
tériels, qui furent convenablement payés.

Tout marchait donc bien, si bien
même, que les patriotes se dirent un
jour : « Mais c'est à Rouen, qu'est la
vraie défense du Havre ; si nous y faisions porter Mouchez, pour y faire ce
qu'il fait si bien ici ; nous serions dou-
blement protégés. »

Aussitôt dit, aussitôt fait, et voilà le
pauvre Mouchez nommé à Rouen, à sa
grande contrariété, car il se rendait
fort bien compte, qu'il n'aurait jamais le
temps de bien faire.

Je remontai la Seine avec mon *Imprenable*, et rejoignis mon chef à Rouen.
Dès le lendemain, nous tracions sur
le terrain, avec les armes spéciales,
les plans d'une enceinte fortifiée et le
conseil municipal, mettait à la disposition de Mouchez, tout l'argent et les
hommes nécessaires, pour l'exécuter à
la vapeur.

Je me rejouissais de reprendre là, les
fonctions que je remplissais au Havre,
quand une dépêche m'y rappela comme commandant supérieur ; je recon-
nus la main de mes amis, mais je ne
les remerciai qu'à moitié. Compléter
avec ardeur, notre ligne de défense,

sur la gauche, expédier à Mouchez, hommes, armes, et munitions, telle fut ma tâche incessante, pendant mes 15 jours d'exercice.

Mais comme un coup de tonnerre, une dépêche vint nous apprendre, le désastre de Buchy et l'évacuation imminente de Rouen.

Je fis alors l'impossible, pour amener le général Briand, à se rabattre sur nous par la rive droite ; il n'y voulut pas consentir.

Félix-Faure avec un bataillon de mobiles, Charnoz avec un détachement de marins, que j'avais envoyés pour couvrir sa retraite, eurent mission de rester en avant, pour nous préserver d'une surprise. Ils s'acquittèrent fort bien de leur tâche et nous couvrirent, pendant qu'avec tous les remorqueurs du port, que j'avais armés à la hâte, je faisais prendre à Honfleur l'armée de Rouen qui venait de s'y rabattre, faisant trente lieues en deux jours.

L'embarquement se fit en bon ordre, tout fut sauvé : hommes, bagages et approvisionnements

Le matériel fut logé dans les tentes du quai et recueilli avec le plus grand soin ; j'en eus des preuves singulières.

Un négociant de l'intérieur, étant venu 2 mois après, s'enquérir d'une fourniture de draps, qui était en recette à Rouen, au moment de la catastrophe, trouva le tout à la tente *Quesnel*, sans qu'il en manquât une pièce et ce fait n'est pas isolé.

Il peint mieux, que je ne saurais le fai-

re, l'esprit d'ordre et de probité, qui prési-
da à l'opération. Mouchez en rentrant
au Havre, y reprenait *ipso facto*, le commandement supérieur. Je m'empres-
sai donc de lui remettre, et mon titre
et mes pouvoirs, mais il m'envoya
promener. Je le fis alors par écrit, offrant de rester sous ses ordres, comme
chef d'état-major, mais il ne voulut
rien entendre et je restai bon gré, mal
gré son *alter ego*.

Nous fûmes dès lors, un commandant
supérieur en deux personnes, sans que
cela ait causé d'ailleurs, aucune espèce
de difficultés, tant nous étions, comme
on dit vulgairement, deux têtes dans le
même bonnet.

Ah ! ce fut un rude moment, que la
rentrée au Havre, de ces bataillons
manquant de tout, surtout de moral
et d'organisation !

Ils passèrent, l'un après l'autre, aux
docks, où le digne M. Dupont, leur
prodigua au physique et au moral, les
soins les plus intelligents. Ah ! que de
services il a rendus.

Sitôt retapés, ces bataillons partaient
pour la ligne extérieure, couvrant la
ville d'une surprise, et se reformant
eux-mêmes.

Que de lances, j'ai eu à rompre,
pour les maintenir ainsi au-dehors,
au lieu de les laisser s'avachir, en arrière de nos canons, comme le demandaient imprudemment, les plus vigou-
reux de leurs chefs ! Plus je vais
pourtant, plus je suis convaincu, d'a-
voir eu mille fois raison et de tous les

actes de ma vie, c'est celui dont je suis
le plus fier.

Au lieu de la tourbe lâche et indis-
ciplinée, que celà eut fait, au-dedans
de nos murs, nous avions là, presque
une armée, quand les Prusssiens pous-
sèrent leur pointe, jusque dans Montivilliers. Ils restèrent là quatre jours, et
voyant que de notre côté, l'on faisait
bonne contenance, que notre ligne
était complète, et que nul ne parlait
de se rendre, ils s'en allèrent comme
ils étaient venus, et Le Havre fut sauvé !...

Ce fut alors pour Mouchez, la grande période d'activité. Pendant que je
travaillais de mon mieux, à ravitailler
nos 32,000 hommes. lui, tenait la campagne avec quelques forces, jusqu'aux
limites de l'arrondissement. C'était bien
tout ce qu'on pouvait faire, avec des
troupes de ce genre, mais les ardents
ne s'en contentèrent pas ; selon eux,
l'on devait reprendre Rouen et marcher même sur Paris.

Mouchez, plus sensible que de raison,
à des critiques de cette portée, s'en af-
fectait péniblement. « Moi, je ne suis
pas militaire, nous répétait-il souvent ;
que l'on envoie un général ! — Ungé-
néral, lui ripostai-je ! s'il y en avait de
disponibles et vraiment dignes de ce
nom, ni vous ni moi, ne serions ici ;
mais ils sont tous occupés ou - prisonniers eu Allemagne... »

Madame Mouchez, femme de grand
sens et toute dévouée a son mari, au
point d'avoir voulu partager ses fati-

gues et ses dangers, malgré son état de grossesse, appuyait mes observations et le remontait de son mieux.

Rien n'y fit, et malgré nous, il demanda un général. On lui envoya un colonel de gendarmerie, orné d'un 6me galon.

Peletingeas, promit monts et merveilles à la foule massée sous son balcon, mais à peine était-il en campagne, qu'il voulut rentrer au Havre. Nous bataillâmes toute une nuit, pour gagner au moins 24 heures, dans la crainte que la population furieuse, ne le jetât dans le bassin.

Nous n'en pûmes rien obtenir : Peletingeas rentra au Havre, honni par cette même foule, qui l'acclamait deux jours auparavant.

Son successeur, le général Loysel, était un vrai militaire, mais uniquement préoccupé de former un corps d'armée, pour prendre avec lui la campagne ; il se cantonna dans le Havre, jusqu'à la fin de la guerre et ainsi, fût démontré qu'en somme, les marins avaient fait tout ce qu'il était possible de faire.

Il tint à bien peu de chose, que Mouchez ne jouât, presque malgré lui, un rôle militaire considérable, détail assez peu connu.

Il déplorait, comme tout le monde, cette absence de cohésion, qui paralisait des forces encore assez importantes. Nous le poussions à s'en mêler, tout au moins en Normandie, puisqu'il commandait la division, mais il nous répondait toujours : « Moi je ne suis pas militaire ! »

Pourtant un jour, il fut frappé de l'énergie froide et tenace du général Roy, un percepteur redevenu militaire et qui guerroyait dans l'Eure. Celui-ci lui écrivait : « J'avance lentement, mais je ne reculerai pas ; il arrivera ce qu'il pourra ! »

Mouchez fit de vains efforts, pour décider le général de Malherbe, qui commandait un petit corps dans l'Orne, à l'appuyer tout au moins, avec deux beaux régiments de cavalerie, dont il disposait encore.

Il y faudrait votre présence lui disions nous, et j'ajoutais : je puis vous former ici, une petite colonne mobile, avec nos meilleures troupes et lui faire passer la Seine, sur la flottille des remorqueurs, pour vous permettre de donner une bonne poussée aux Prussiens. Quitte à la ramener par ici, pour agir sur la rive droite, pendant que le général Roy, gardera de bonnes positions.

Ce petit plan tenta Mouchez, malgré sa défiance de lui-même, seul défaut que je lui ai connu pendant toute cette période.

Un matin, il s'ébranla, mais la neige et le verglas retardèrent si bien sa marche, qu'il manqua le bateau d'Honfleur et le lendemain, il était trop tard : Roy venait de se faire écraser. après une magnifique défense, au combat de Château-Robert.

J'aurais encore beaucoup à dire, notamment sur la période de l'armistice et de la Commune, qui fut mouvementée au Havre, mais je craindrais d'être trop long.

D'ailleurs, Mouchez n'était plus là, Je l'avais remplacé dans le commandement de la division militaire ; nous sortirions donc de votre cadre, coupons court et résumons-nous.

Mouchez fut une grande figure, et les Havrais font bien de l'honorer, car ils lui doivent beaucoup, mais je ne crains pas de l'amoindrir, en disant comme je le pense, que c'est surtout à eux-mêmes, que les Havrais doivent leur salut.

Ils ont *voulu* échapper à l'envahissement de l'étranger ; ils l'ont voulu fermement et avec tenacité, il ont cherché et trouvé, les chefs qui pouvaient le mieux, les conduire au but si ardamment désiré ; ils ont fait très bonne contenance à l'approche de l'ennemi, et finalément, le succès a récompensé leurs efforts, justifiant une fois de plus le proverbe : *Aide-toi, le Ciel t'aidera !…*

L. RALLIER DU BATY.

Contre-Amiral en retraite.

UN SAVANT

(Notice Biographique)

———

Né le 24 Août 1821, à Madrid, d'une famille française, momentanément établie en Espagne et que des intérêts commerciaux avaient appelée dans ce pays, Ernest-Amédée-Barthélemy Mouchez, entra au sortir du Lycée Louis-le-Grand à Paris, à l'Ecole navale, où il se distingua par son goût pour les sciences mathématiques en général et, plus particulièrement, pour les calculs astronomiques et la géodésie.

En 1837, il fut admis à l'Ecole navale ; devenu aspirant de Marine en 1839, il fut nommé enseigne en 1843, lieutenant de vaisseau en 1848, capitaine de frégate en 1861, capitaine de vaisseau en 1866 et contre-amiral le 29 Juin 1878 (1).

Dès la sortie de l'Ecole, Mouchez, commença à attirer l'attention sur lui, par les importants travaux d'hydrographie qu'il exécuta sur les côtes de l'Amérique du Sud.

———

(1). Archives historiques de la Marine. Mouchez, relevé de ses états de service.

Chacun de ses grades fut la récompense d'une découverte, dans le domaine scientifique ou d'une mission, dont les résultats étaient toujours fructueux, pour la navigation et l'astronomie expérimentale.

Dès le début de sa carrière, il s'était attaché à modifier les nouvelles méthodes, à perfectionner les instruments d'observation. Il imagina notamment, un système nouveau de calculs astronomiques, dont l'application rendit de grands services, pour les levés hydrographiques.

Parmi les travaux les plus remarquables de l'amiral Mouchez, il faut citer la reconnaissance des mille lieues de côte, située entre l'embouchure de l'Amazone et celle du Rio de la Plata ; l'organisation sur les côtes de France, d'un service d'observations météorologiques et d'avertissements télégraphiques. Un détail caractéristique à ce sujet. Au cours de sa grande campagne sur les côtes de l'Amérique du Sud, dans l'Atlantique, Mouchez ne mesura pas moins de 94.000 angles. Signalons encore, parmi les travaux du regretté savant, la carte d'Algérie qu'il dressa en 1867.

En 1870, comme nous le verrons dans le cours de cet ouvrage, Mouchez fut chargé de mettre le Havre en état de défense. Assisté de ses matelots, débarqués comme lui, de l'escadre de la mer du Nord, où il commandait le *Catinat*, Mouchez fit exécuter et armer très rapidement, tous les ouvrages qui devaient protéger la ville, du côté de terre, contre l'investissement de l'ennemi. Aussi, quand l'armée allemande après le combat de Buchy et l'occupation de Rouen, voulut marcher sur le Havre, elle trouva la ville en état de résister et, après quelques jours d'observation et plusieurs engagements sans importance, elle jugea l'attaque de vive force impraticable et se replia.

La guerre finie, Mouchez fut chargé de relever les côtes de nos colonies africaines.

En 1874, lorsque sur la demande de l'Académie des sciences, le gouverne ment décida d'envoyer des missions scientiques, observer dans divers points, le passage de la planète de Vénus sur le Soleil, le commandant Mouchez fut mis à la tête de l'expédition qui se rendit à l'île Saint-Paul.

Partie de France le 2 août 1874, à bord de la *Dive*, cette expédition rencontra des difficultés énormes à surmonter, l'île Saint-Paul étant un rocher volcanique, n'offrant aucune ressource. Ce fut par une violente tempête, au milieu des plus grands périls, que Mouchez et ses collègues, put toucher cette côte inhospitalière.

Le 8 décembre de la même année, après une pluie torrentielle, par un hasard heureux, le vent changea subitement de direction, pendant la nuit. La pluie cessa de tomber, et le voile sombre qui couvrait le ciel se déchira et Mouchez put reconnaître aisément, l'atmosphère de Venus, très distincte de celle du soleil, au moment des contacts.

Après avoir brillament, conduit cette expédition scientifique, le commandant Mouchez, reçut pour couronnement de ses succès, les étoiles de contre-amiral. Il fut, à la même époque, appelé à la direction de l'Observatoire de Paris, cn remplacement de M. Leverrier. (1)

Comme directeur de l'observatoire, il exécuta dans notre principale station astronomique, de notables améliorations.

C'est à l'amiral Mouchez, que l'on doit la fondation de l'Ecole d'astronomie, qui a fonctionné avec succès, pendant dix années consécutives et a formé, toute une pépinière de jeunes astronomes, répandus actuellement, dans les divers observatoires français.

C'est également Mouchez, qui fut le créateur à Montsouris, d'une école pratique pour les officiers de marine et les voyageurs.

Mais l'œuvre principale de Mouchez, fut la réalisation d'un plan d'une carte du ciel, à laquelle ont collaboré tous les observatoires du monde entier.

Après avoir provoqué par deux fois, des congrès d'astronomes de tous les pays, où ont été disculées et arrêtées les lignes de ce gigantesque travail, il a eu la satisfaction de voir réalisées complétement ses espérances. L'œuvre se

(1) Nommé membre du bureau des longitudes le 16 juin 1873. Il fut nommé directeur de l'observation le 26 juin 1878.

poursuit partout, avec une grande activité et nul ne peut, maintenant, douter
du succès de cette vaste entreprise. Il
est juste de lui en attribuer l'honneur et
de rendre hommage à son patriotisme,
à son énergie et à sa persévérance.

La perte de l'amiral Mouchez a été
vivement ressentie, dans le monde scientifique de toutes les nations, où chacun
rendait un juste hommage à sa science,
à la loyauté du savant chrétien, car
c'était un chrétien, dans toute l'acception du mot.

Comme nous le disions dernièrement,
c'est une consolation de voir que Dieu,
dans sa sagesse souveraine, fait apparaître de temps à autre, une âme vaillante et énergique, montrant à l'univers,
ce que c'est que la grandeur d'une âme
sincèrement chrétienne. De nos jours,
où le matérialisme s'est refugié dans la
science, où l'on ne cesse de répéter,
dans un certain monde, que la Foi est
l'apanage des ignorants, les Catholiques
ont le droit d'être fiers, de compter parmi eux, — et Dieu sait s'ils sont légion,
les savants, les écrivains, les généraux
et marins illustres, qui ne reniaient pas
le Dieu de leur baptème et qui faisaient
le signe de la Croix — des esprits intelligents qui, sans crainte de rougir, admettent très bien, que l'accord peut
parfaitement régner, entre la Foi et la
Raison.

Mouchez était un savant chrétien et
quand, président du Comité international pour la confection d'une carte géographique du ciel, dont l'exécution a

été confiée à l'Observatoire du Vatican,
il vint à Rome au commencement de
l'année 1892, pour se rendre compte
de l'état des travaux, son premier soin,
fut de solliciter la faveur d'assister à
la messe du Saint-Père, ce qui lui fut
accordé avec empressement. Au cours
d'une audience pontificale, qu'il obtint
ensuite, le pape Léon XIII, fut tellement
impressionné des convictions religieuses
du savant français, qu'il lui remit de ses
propres mains, la croix de Comman-
deurde l'Ordre de Pie IX.

Il n'est point nécessaire de dire, que
les catholiques verront toujours avec
joie, des cœurs d'élite, des esprits supérieurs, comme l'amiral Mouchez, apporter à leurs croyances, l'hommage de
la science et de la vertu; et ceux que
l'incrédulité a plus ou moins atteint,
reconnaîtront quelque jour, combien
est absurde le préjugé, toujours si répandu, que la Foi et la Raison sont
incompatibles, car chaque jour nous
apprend, que si les âmes médiocres re-
fusent de soumettre à l'enseignement
divin, leur orgueilleuse intelligence, les
âmes les plus nobles prouvent, au con-
traire, par leurs convictions et par leur
vie, qu'il est souverainement raisonna-
ble de croire.

Zouaves de Patay ! Héros de Loigny!
Et vous, Sonis! Courbet! Mac Mahon !
Canrobert! Pasteur! et mille autres
dont les noms sont inscrits au Livre d'or
de l'HIstoire, n'est-ce pas dans votre foi
chrétienne, dans votre espoir en Dieu,
que vous avez trouvé la force de tout

vaincre, pour accomplir jusqu'à votre
dernier souffle, ce que vous avez cru
être votre devoir, pour la France et
pour l'Humanité!

CONTRE-AMIRAL RALLIER DU BATY

Commandant Supérieur de la Place du Havre en 1870-71

Chapitre II

INTRODUCTION HISTORIQUE

Sous le titre de *Mouchez au Havre*, au lendemain de la mort de l'amiral de ce nom, Jean-sans-Terre du *Petit Journal*, écrivait :

« L'Amiral Mouchez vient de nous quitter. Quand j'ai appris cette mort, qui ne dira pas grand chose à la masse, je suis reparti pour la guerre, pour celle d'il y a 22 ans. Et pendant une grande heure, sur un chemin de campagne, en croisant un tas de gens, qui n'ont rien connu de tout ça, j'ai pensé à lui, à la page d'histoire, que cet homme énergique eut fort bélié, pendant trois mois d'invasion, de décembre 1870 à mars 1871... Mouchez, était surtout connu, depuis une quinzaine d'années, comme amiral cosmographe et guetteur d'étoiles. Nous avons nos marins littérateurs, nos marins explorateurs, nos marins peintres ou sculpteurs, Mouchez était pour la foule, le marin du passage de Vénus, celui de la carte du ciel, bref, le marin de l'observatoire. Pour quelques milliers de Français, à peine, si nous comptons ceux qui restent et le connurent stratège, Mouchez était l'homme de la défense du Havre. La Normandie entière devrait s'en souvenir. il est à craindre qu'elle l'ait oublié (1) Je ne suis pas sûr que les journaux du Havre, aient fait même un bout d'oraison funèbre, à l'ancien défenseur de la grande cité maritime dont ils défendent si bien les intérêts commerciaux... (2) Les Prussiens venaient de s'emparer de Rouen sans coup férir.... les régiments et bataillons allemands s'avançaient très vi-

---

(1) « L'amiral Mouchez était mort le 25 juin et quatre jours après, notre splendide boulevard de Tancarville, prit le nom de boulevard de l'amiral Mouchez. Un mois plus tard, un comité se formait dans notre ville, pour élever un monument à l'amiral. » — L'amiral Mouchez par Ch. Vesque. Le Havre 1893, almanach du Courrier du Havre p. 39.

Rappelons en outre, que M. le colonel Rolin, dans la première réunion du comité exécutif du monument Mouchez, déclara que si le Havre n'avait pas été investi par les Prussiens, c'était grâce à la conduite de ses habitants et au systeme de défense que l'amiral Mouchez avait héroïquement préparé. (Comité du monument. Registre des procès-verbaux)

Enfin, dans sa séance du 3 août 1892, le conseil municipal du Havre vota 5.000 fr. pour l'érection du monument Mouchez, mis au concours la 25 mars 1894. La chambre de commerce avait donné l'exemple par un vote de 3.000 fr. et le conseil général le suivit en votant 500 fr.

(2) Parlant de la mort de l'amiral Mouchez, on lit dans *Le Havre* du 26 juin 1892 « ...La ville du Havre sera la première à honorer la tombe de l'amiral et à glorifier son souvenir... »

A l'occasion de la mort de l'amiral Mouchez, le drapeau national fut mis en berne à l'Hôtel-de-Ville. De plus, M. Brindeau, maire du Havre déposa une couronne sur le cercueil de l'amiral, au nom de la municipalité, en temoignage de regrets et de reconnaissance de la population havraise, pour son vaillant défenseur de 1870.

te, en dépit d'une neige épaisse qui couvrait les routes, vers l'objectif le plus brillant de leur marche dans l'ouest : Le Havre... Tout d'un coup, lorsque les villes, bourgades et villages cauchois, furent bien pourvus de fantassins et de cavaliers, ce fragment d'armée (1) qui s'avançait en rideaux successifs vers Harfleur et Sainte Adresse, arrivé entre Beuzeville et Fécamp s'arrêta.

La bataille de Champigny, le mouvement plus accentué, des allemands sur la Loire, avaient vraisemblablement déterminé cette pause. Elle permit à Mouchez de sauver Le Havre en sauvant les apparences. Il n'y avait pour défendre la ville, que de mauvais fortins à la Vauban : Sanvic et Tourneville. Le commandant Mouchez reçut de Gambetta, l'ordre de mettre le Ha- en état de résistance.

Il fit, pour préserver des Prussiens, notre Marseille du Nord, un véritable tour de force. Combien de soldats étaient enfermés, le 5 Décembre au soir, dans le Havre, j'ai toujours pensé qu'il y avait entre la jetée du Havre et les avant-postes de Saint-Romain, plus de 30,000 hommes armés, dont 1,000 marins de l'escadre du Nord (2).

C'est autour de cette pâte moins que résistante, que Mouchez fit son chef-

---

(1) C'était le général Von Goeben qui la commandait.

- (2) Suivant M. Ch. Vesque, un des historiens locaux les mieux informés, la force armée du Havre, fut de 42,344 hommes.

d'œuvre. Ses marins étaient de fameux hommes, c'était certain, mais ils n'étaient que mille. La ligne paraissait bonne, la Mobile pouvait passer pour moyenne et Mocquard demeurait l'effroi des fermes dévastées par ses chapardeurs. Mouchez laissa en ville et sur les flancs de ce qu'on appelle au Havre la *Côte*, les troupeaux de mobilisés. Il y avait bien de 10 à 15.000 hommes de cette catégorie.

On les fit pivoter sur les boulevards et sur les places, on améliora leur équipement ; on avança leur éducation tant bien que mal, entre la plage et le pavillon Lemarcis, qui marquait la limite de leur casernement. Mouchez envoya le reste de la garnison en avant, non pas pour s'y cantonner dans des maisons, mais pour y élever des fortins, de véritables ouvrages d'art en terre, qui nous apparurent au bout de trois semaines, comme si le plus pur Génie, eût mis dix ans à les construire. Des canons à profusion les armèrent bientôt (1). Des lignes incessamment mouvantes et grouillantes de pantalons rouges de mobiles, relièrent entre elles les forteresses de marins, établies ainsi en cordon tutélaire, à 8 kilomètres de la place, si bien que les éclaireurs allemands et les espions du général Von Goeben, se firent de la ville du Havre, devenue citadelle en apparence, une idée fort inexacte, heureusement pour nous.

____

(1) 137 pièces de canon. — L'amiral Mouchez, notice de M. Ch. Vesque. Almanach du Courrier du Havre de 1893, page 40.

Le Havre, disaient les simples casques à pointe, *capout* qui, dans leur nègre de circonstance, exprimait, l'idée d'un désastre (1).

Les officiers plus réservés, n'en avaient pas moins la conviction intime, que l'affaire serait chaude, si le général Von Goeben la décidait, et qu'on aurait du fil à retordre, avec le dernier retranchement des troupes, concentrées dans la Seine-Inférieure, retranchement hérissé de redoutes par l'infatigable Mouchez.... Chaque fois que j'ai retourné au Havre, depuis ces temps, en passant devant la Vierge élevée par lee Havrais, sur un socle monumental, à l'entrée de la Ville, jai pensé à ce brave et modeste commandant Mouchez, qui avait si bien su préparer les voies à la Providence. Je veux bien que l'intervention de la Vierge soit pour quelque chose, dans l'hésitation qui a retenu l'armée allemande entre Etretat et Bolbec. Mais que les Havrais veuillent bien rappeler leurs souvenirs, en cette circonstance, le loup de mer Mouchez, a été leur petit Jésus (2). »

---

(1). — D'après des renseignements fournis par une personne d'Alvimare, à **M. L...**, du Havre, propriétaire d'un château dans cette Commune, et qui avait logé pendant 2 jours 28 prussiens commandés par un Colonel, et 50 chevaux ils disaient que **« Le Havre était trop fortifié et trop défendu pour qu'ils puissent le prendre »**.
(COURRIER DU HAVRE, du 16 Décembre 1870).

(2) Le PETIT JOURNAL du 28 Juin 1892. A propos de cet article, M. Ch. Vesque, écrivait : « Accuser le Havre d'ingratitude, comme le fait le « Petit Journal est un tort. Cette Ville a toujours gardé bon

Restriction faite du rapprochement abusivement établi, entre l'enfant Jésus et l'amiral, par le rédacteur du *Petit Journal*, ce court, mais judicieux article, au point de vue militaire, montre suffisamment, que Mouchez s'est montré digne de son titre de commandant supérieur, des forces de terre et de mer, méritant bien le monument que la Ville du Havre (1), lui éléve, reconnaissante de ce qu'il avait fait pour sa défense, pendant la guerre de 1870-71, rendant ainsi un juste hommage, à la mémoire de ce Fils de la Patrie.

---

souvenir et la plus profonde reconnaissance, pour ceux qui se dévouèrent pour elle. Mouchez, fut un de ceux-là, et nous demandons que son nom soit donné à une des nouvelles rues de notre Ville. Cela sera fait nous en avons la conviction ». — « Courrier du Havre », 29 Juin 1892.

(1) Voici le texte de l'appel du comité aux habitants du Havre, publié par " Le Petit Havre " du 27 avril 1893.

MONUMENT MOUCHEZ
Appel du Comité

Dès la mort de l'Amiral Mouchez, un sentiment de recomaissant souvenir, pour ceux qui avaient dirigé la defense en 1870-71 s'est fait jour parmi nos concitoyens du Havre, et il a paru à propos, d'en produire l'expression, en élevant un monument à la mémoire de cet illustre officier.

Un certain nombre de Havrais se sont spontanément réunis à l'Hotel de Ville et ont constitué un comité d'action pour la réalisation de ce projet. Mais la crise pénible provoquée par l'épidémie cholérique, ayant détourné vers des besoins plus immédiats. les efforts de la bienfaisance privée, la suite a dû en être ajournée, jusqu'à un moment plus favorable.

Aujourd'hui, l'heure semble propice pour mener à bien l'œuvre entreprise.

Déjà le conseil général de la Seine-Inférieure, le conseil municipal et la chambre de commerce du Havre, ont voté des crédits pour leur participation au monument de l'amiral Mouchez.

Les membres du comité sont persuadés, que le gé-

Nous associant de tout cœur, à cette pensée patriotique et, pensant qu'il **y** aurait intérêt à connaître, le rôle que joua pendant 1870, le commandant Mouchez, chargé de la défense de la place du Havre, sur le point d'être in-investie par l'ennemi, nous avons entrepris cette étude, passant en revue, les différents événements qui se sont succédés, durant cette période néfaste, persuadé aussi, que le souvenir qu'évoquera dans nos esprits, la vue du monument Mouchez, dont le nom restera gravé dans le cœur de la population havraise, sera encore plus vivant après la lecture de ces pages, dans lesquelles nous avons personnifié de notre mieux, la brillante conduite du commandant Mouchez qui, loyalement secondé par un entourage dévoué : le capitaine Rallier, les préfets Ramel et Sadi Carnot et le maire Guillemard, ses collaborateurs de tout instant, a héroïquement préservé de l'invasion, pendant nos glorieuses épreuves, la Cité du Roy François Ier. qui l'a justement appelé son *Sauveur*, nom glorieux qui sera son plus beau tire, auprès de la postérité.

---

néreux concours de tous les habitants, ne leur fera pas non plus défaut, et ils adressent cet appel, avec la conviction qu'il sera entendu par la population, si patriotique du Havre et par les anciens combattants de 1870.

Cette manifestation honorera à la fois la Ville du Havre et le glorieux soldat qui en fut l'objet.

Le Comité

MM. Félix Faure Président, Rispal, Liber tvice-présidents. Paisant, Crouzet, Rolin, Boudet, Seigneuré, Chéuré, Lechartier, Bénard, marquis de Houdetot, Couvert. Odinet, Génestal, Grosos, Porquer, de Querhoënt, Bouys.

FÉLIX FAURE
Président de la République Française
Ancien Commandant du 2ᵉ Bataillon des Gardes-Mobiles de la Seine-Inférieure en 18

Chapitre III

MOUCHEZ COMMANDANT SUPERIEUR

des forces de terre et de mer réunies

POUR LA DÉFENSE DU HAVRE

Sommaire. — Motifs de disgrâce des généraux Gudin et Estancelin — L'alerte du 14 octobre 1870 — Revue et remise d'un drapeau à la garde nationale par M. Félix Faure — Délégation envoyée à Tours par le conseil municipal du Havre — Mouchez commandant supérieur de la place du Havre — La levée de l'état de siège — Adresse de félicitations au gouvernement de Tours — Opinion du commandant Mouchez sur la garde nationale — Le Havre entrepôt national d'armement militaire — Ouvrages de défense— L'escadre du Havre — Départ du commandant Mouchez pour Rouen — Le commandant Rallier — Appel aux armes — Lettre du colonel Huchon — Aprés Buchy.

A la capitulation de Strasbourg, qui avait douloureusement retenti dans le cœur de tous les Français, il semblait en effet, qu'un souffle mystérieux s'exhalait de toutes les poitrines, et que ce souffle répétait comme l'auteur des Messéniennes :

Quel Français n'a répandu des larmes
Sur nos défenseurs expirants ?
Quel vieillard n'a rougi du malheur de nos
[armes ?
En pleurant ces guerries par le destin trahis (1)

(1) La bataille de Waterloo par Casimir Delavigne auteur havrais

... à la capitulation de Strasbourg, disons nous, étaient venues s'ajouter la prise d'Orléans, l'apparition des Prussiens dans la trouée de Belfort l'occupation de Gisors. Partout les rassemblements de troupes formés sur la ligne d'occupation allemande étaient en retraite. Lyon était découvert, Tours menacé et en Normandie l'invasion s'étendait lentement, sur les deux rives de la Seine. De plus, dans les départements l'autorité militaire n'était exercée que par des généraux du cadre de réserve, vieux et fatigués.

C'est ainsi que le département de la Seine Inférieure, avait à sa tête le général Gudin (1) et un autre général improvisé, plus dévoué qu'habile M. Estancelin (2).

« Ce dernier était fort peu populaire, nous dit M. Leroy. Pour ceux qui l'ont vu à l'œuvre de près, son désir de bien faire, ne peut laisser aucun doute. Mais son entraînement pour le prestige militaire extérieur, ses façons de général grand seigneur, froissaient les gardes nationaux et en faisant ressortir davantage, les côtés faibles de son commandement, prêtaient des armes faciles à la critique de ses actes. Dans les comi-

---

(1) Il commandait la deuxième division militaire à Rouen.

(2) L'incivisme de certains officiers de cette époque fut vraiment scandaleux et d'un exemple d'autant plus funeste, qu'il fut récompensé par des honneurs, au lieu d'être châtié par la cour martiale.

Mouchez au Havre— Petit Journal du 28 juin 1892.

tés républicains, on disait qu'il s'occupait, plus de politique que de la défense, et les hommes dont il s'entou:ait
donnaient tout au moins, une apparence de raison à ces accusations(1). »

Un incident survenu dans la journée
du 14 octobre, mit le comble aux dé-
fiances de la population contre lui, le
département de la Seine-Inférieure
étant mis en émoi, par suite de la dépêche du commandant général, ainsi
conçue :

« *Rouen 14 octobre 1870 2 heures soir*
Commandant général Estancelin à sous-
préfets Havre, Dieppe Yvetot Neufchâtel.

L'ennemi attaque nos troupes et
marche sur Rouen.
Envoyez garde nationale armée, dont
vous pouvez disposer et l'artillerie.(2) »

Un second télégramme, non moins
alarmant que le premier, émanant du
comité central de défense, de Rouen,
parvenait quelque temps après au
sous-préfet du Havre et des plus signi-
ficatifs, comme l'on peut en juger d'a-
près le document suivant, que nous reproduisons :

« *Rouen 14 octobre 1870—2 h.48 48soir*

Comité central de défense à M. le
sous-préfet du Havre.

Nos hommes de guerre trouvent
Rouen sérieusement menacé.

Ennemi à Fleury-sur-Ardelle à six

---

(1) Le Havre et la Seine Inférieure pendant la guerre de 1870-71 par Leroy,— Paris Lahure 1887 p. 36

(2) Archives souspréfectorales du Havre

heures. Les cinq bataillons de garde nationale partis et l'artillerie. Attendons les bataillons du Havre. Prions sous-préfet d'envoyer tous les hommes de cœur de son arrondissement. Mitrailleuses sont-elles parties ? J'ordonne barricades.   Le Barbier (1) »

A la lecture de ces dépêches, qui furent transmises dans les cantons, les maires adressèrent des appels au patriotisme de leurs populations, battant eux-mêmes le rappel.

Les chemins de fer furent mis en réquisition, pour transporter sur Rouen, les gardes nationaux, tandis que du fond des campagnes, « partirent des hommes en blouse et en sabots, armés de mauvais fusils à pierre, ou même sans fusils. » (2)

Le 15 octobre, au petit jour, deux compagnies de francs-tireurs, six compagnies mobilisées dont l'organisation était en partie complète et la batterie d'artillerie mobilisée, quoique sans canons, partirent du Havre pour se diriger sur Rouen.

La garde nationale sédentaire prit les armes, pour accompagner jusqu'à la gare, les troupes qui allaient combattre pour le sort du département. Mr. Félix Faure (3) adjoint au maire (4) les

---

(1) Archives sous-préfectorales du Havre.

(2) Les Prussiens en Normandie par Dessolins. Paris André Sagnier 1873

(3) Depuis député, fut ministre de la marine et nommé Président dela République française le 17 janvier 1895.

(4) M. Guillemard. —Voici par ordre alphabétique les noms des 36 conseillers municipaux du Havre

passa en revue et leur remit le drapeau
que la 5e légion de la garde nationale
de Paris avait offert en 1848 à la garde
nationale du Havre M. Félix Faure en
confiant à nos soldats, l'étendard tricolore sur lequel on lisait : *Liberté, Egalité,
Fraternité*, leur dit d'une voix convaincue

Soldats citoyens,

Voici le drapeau que la jeune légion de la
garde nationale de Paris vous a apporté en 1848
Je vous le confie.

La garde nationale de Paris, s'est immortali-
sée par son héroïque conduite de ces jours derniers.

Vous ferez voir que vous êtes dignes du don
patriotique qu'elle vous a fait il y a 22 ans et
vous lui remontrerez ce drapeau, dussiez-vous
pour cela passer par dessus les lignes prussiennes.

Vive la France ! Vive la République !

Mais l'anxiété qui régnait, parmi les
populations du département de la Seine-Inférieure fut de courte durée, car
dés le lendemain, la batterie mobilisée
dont on avait reconnu à Rouen, l'insuf-
fisance d'armement, revenait au Havre
tandis que les gardes nationaux rega-
gnaient leurs foyers.

C'était une méprise de la part des
chefs ; il y avait eu fausse alerte.

Le général Estancelin comprenant

---

qui remplirennt leur mandat pendant la guerre :
MM. Bazan, Bellanger frères, Brostrom, Dailly, Dufour, Félix Faure «A» Fauvel, Ferrue, Flamant,
Gardye, Guerrand, Gui'lemard, Jolly, Hamon, Ju-
meau, Lainé, Le Breton, Lechevallier, Lefrançois,
Lepicard, Letellier, Ferard, Letessier, Louer, Mari-
cal, Marion Peulevay, Peulvé, Piéton, Prevost, Rei-
ne, Rispal, Siegfried «B» Tardif Tastayre Trocmé.
«A» voir note ci-dessus «B».aujourd'hui député de
la Seine inférieure.

bien tout le préjudice que pouvait lui causer, cette fausse information, qu'il avait lui-même télégraphiée aux différents sous-préfets du département, s'empressa de rejeter la responsabilité des ordres donnés, sur le général Gudin qui « n'était pas plus en faveur auprès du public que son collégue de la garde nationale, » (1)

L'opinion reprochait en effet à ce général, de laissser les éclaireurs ennemis, venir jusqu'à 5 kilomètres de Rouen, piller et rançonner les campagnes, tandis que ses troupes demeuraient immobiles, dans leurs cantonnements. La presse elle-même, sachant le général Gudin attaché à l'ex-famille impériale, prétendait voir dans ses actes la raison de son inaction ; aussi, dut-il, le 13 octobre, faire intimer au *journal du Havre* par le colonel Massu ; l'ordre de cesser toute critique de ses actes (2) sous menace de faire usage, des pouvoirs extraordinaires de l'Etat de siège. (3).

(¹) Le Havre et la Seine Inférieure pendant la guerre de 1870 par Leroy Paris Lahure 1887.

(2) C'est à la suite de l'article suivant que le général Gudin intima l'ordre de cesser toute critique de ses actes. Repondant à un article du « nouvelliste de Rouen » « Le journal du Havre » disait en effet; «.... Depuis longtemps, nous l'avons dit, pour mettre la Normandie à l'abri de l'invasion, on doit diriger toutes les forces militaires du Havre et du département. marins troupes régulières, gardes mobiles, franc tireurs, et gardes nationales, en avant ver-l'ennemi, que cette manœuvre peut seule faire reculer. Si la fortune de la guerre, rendait une retraite nécessaire, il faudrait évidemment l'effectuer sur Rouen, où il serait facile de tenir plusieurs jours à l'aide d'une guerre de barricades.

Cette attitude excita davantage l'esprit public, contre la direction militaire, aussi le sous-comité de la défense du Havre ainsi que le conseil municipal jugèrent utiles de demander le remplacement des généraux Gudin et Estancelin. Des délégués furent envoyés à Tours, à l'effet de porter au ministre de la guerre, les résolutions prises par le conseil muni-

---

Enfin si Rouen après une résistance héroïque était forcé de céder, le Havre deviendrait un dernier rempart capable d'arrêter longtemps les envahisseurs Que manque-t-il pour l'exécution de ce plan ? nous l'avons dit hier il manque un «général»..... nous espérons que le gouvernement de Tours nous enverra un «homme». Il ne saurait nous répondre, que M. Gudin et M. le général Estancelin suffisent à nos destinées..... Il ne s'agit pas de dire «Aux armes... en avant... à Rouen ! » il faut déclarer traitre à la patrie et punir sévérement, quiconque ne se rendra pas à son poste dans les trois jours.... Le Havre est prêt à marcher en avant, mais à trois conditions:

1· Revocation de M. Estacelin.

2· Remplacement du général Gudin.

3· Direction générale de la défense normande, confiée à un homme jeune, énergique et incapable de trahir la République. Dés que la Normandie aura, ce directeur général de la défense, que nous réclamons, il n'y aura plus qu'à crier en avant ! et aussitôt Le Havre et Rouen, ces émules séculaires, ne rivaliseront plus que du courage et de patriotisme.

En avant par Léon Billot — « Journal du Havre » du 8 octobre 70

(2) Le Havre avait été, en effet, déclaré en état de siège. par le décret suivant :

Le gouvernement de la défense nationale décrète :

Art. 1· L'arrondisseement du Havre est mis en état de siège.

Art 2· Les ministres de l'intérieur et de la guerre sont chargés chacun en ce qui les concerne, de l'exécution du présent décret.

Fait à Paris le 7 septembre 1870 ‒

Général Trochu. Emmanuel Arago, Crémieux, Jules Fabre, Jules Ferry, Gambetta, Garnier Pagès, Glais-Bizoin, Pelletan, E. Picard, Rochefort, Jules, Simon.   (Journal Officiel)

cipal et le sous comité de défense du Havre.

Enfin, le 16 octobre, le sous-préfet mettant en demeure le gouvernement, de le dégager de la responsabilité qui lui incombait, ou de donner le commandement militaire du Havre, à des mains plus vigoureuses, proposait pour exercer le commandement supérieur, le capitaine de vaisseau Mouchez, comme l'indique le document suivant : (1)

Sous-Préfet Havre a Préfet Seine-Inférieure

Comme délégué au Havre du gouvernement de la défense nationale, au point de vue de la responsabilité, qui résulte nécessairement pour moi de ce titre, trouvant que les forces militaires et l'organisation de la défense de la ville, ont besoin d'être concentrées en des mains plus jeunes et plus vigoureuses, je propose de donner le commandement supérieur à M. Mouchez commandant de la division navale.

Il remplacerait à cet égard M. le colonel Massu, dont il est d'ailleurs l'égal, au point de vue du grade et qui continuerait à donner son concours, comme officier de génie.

Je vous serais reconnaissant, de transmettre d'urgence, ma proposition au gouvernement de Tours.

E. RAMEL (2)

---

(1) Nous avons vu dans la préface que c'est sur le bien fondé de M. Rallier du Baty, qui appréciait justement Mouchez que ce dernier fut proposé pour le commandement de la place du Havre.

(2) Archives de la préfecture de la Seine Inférieure.

La demande du sous-préfet du Havre fut favorablement accueillie et, par décret du 18 octobre, Gambetta nommait le capitaine Mouchez, commandant supérieur des forces de terre et de mer réunies, pour la défense du Havre (1)

L'opinion publique était favorable à cette nomination et Léon Billot appréainsi, dans le *journal du Havre*, le décret du 18 octobre, nommant le capitaine Mouchez commandant supérieur de la défense du Havre :

« ....Nous applaudissons vivement à cette décision, que réclamait depuis longtemps, la bonne organisation de la défense locale ; et nous espérons que cette mesure, sera le prélude d'autres, non moins indispensables... Nous n'avons pas à faire l'éloge de ce choix, car nous ne connaissons encore M. Mouchez, que par les appréciations favorables qu'on nous adresse sur son intelligence, son énergie et son patriotisme.
Nous attendons à l'œuvre, le nouveau commandant du Havre, et nous comptons que ses actes, ne tarderont pas à confirmer, le jugement flatteur que portent de lui, les marins et les militaires. » (2).

Après avoir adressé à la population havraise, une proclamation (3) dans laquelle il faisait appel a la bonne vo-

---

(1) Le colonel Massu conservait en sous-ordre la direction du génie et le général Briand remplaçait le général Gudin.

(2) Journal du Havre du 19 octobre 1870.

(3) Voir Document annexe. n° 1

lonté et au dévouement de tous, le premier acte du commandant Mouchez fut d'établir à la sous-préfecture, le quartier général de son commandemant, pour manifester son intention d'agir, de concert avec les mandataires du gouvernement et de la ville, en vue de la défense du Havre. En outre, afin de donner satisfaction, aux vœux de l'opinion, que les derniers actes du général Gudin et du colonel Massu, avaient indisposée contre le régime de l'état de siége, le commandant Mouchez se joignit aux autorités civiles, pour en demander la levée, comme on le voit par la dépêche suivante ,

Sous-préfet à ministre de l'intérieur et de la guerre. Tours   Havre 20 octobre 1870

Etat de siège pour arrondissement du Havre avait été décreté, il y a six semaines (1) pour faciliter les expropriations aujourd'hui terminées des terrains nécessaires à la défense ; la levée a donc été demandée par les autorités civiles du département.

Nouveau commandant supérieur du Havre (2) se joint à elle. Prière de statuer bien que l'état de guerre (3) qui

---

(1) Le 7 septembre 1870.

(2) Mouchez

(3) Un décret de la délégation de Tours, en date du 14 octobre venait en effet de réglementer l'état de guerre. dans les départements dont la frontière se trouvait à moins de 100 kilométres de l'ennemi De plus l'autorité militaire était investie de la plénitude du commandement de la force armée du département et avait droit d'exproprier et réquisitionner les personnes, armes, denrées et bestiaux.

Document Annexe N· (1)

PLACE DU HAVRE

Ordre du jour du commandant supérieur des forces de terre et de mer.

HABITANTS DU HAVRE

Dans le but de donner plus d'unité, à la coopération des forces de terre et de mer, chargées de la défense du Havre, le gouvernement me fait l'honneur de me confier le commandenent de ces forces.

Je n'hésite pas à **accepter**, la grave responsabilité de cette mission, parce que j'ai pu apprécier déjà votre ardent patriotisme et votre énergique volonté de vous défendre.

Je fais donc appel à la bonne volonté et au dévouement de tous, j'espère que chacun de vous **continuera** de s'appliquer avec ardeur, aux exercices et aux travaux, qui doivent assurer le succès de la défense. De mon côté, je ne négligerai rien, pour mériter votre confiance, et je ne doute pas que nos efforts réunis, ne réussissent à épargner à votre riche cité, la honte et le désastre de l'invasion.

Vive la France ! Vive la République !

Le Commandant,

Mouchez.

18 Octobre 1870

(Affiche)

vient d'ètre decrété pour déparlement, paraisse entraîner la suppression de l'état de siège.

E. Ramel (1)

Après la capitulation de Metz 27 octobre qui avait jeté sur Paris et la France les meilleures troupes de la Prusse, le moment de panique passé, l'esprit de parti momentanément endormi se réveilla et répondant à la proclamation du gouvernement de Tours, qui ne rencontra au Havre aucune critique et produisit dans la ville, le plus grand enthousiasme le commandant supérieur Mouchez, le sous-préfet Ramel, et le maire Guilemard, envoyèrent une adresse de félicitations, à laquelle, la population entière s'associa et dans laquelle on lit :

« Prouvons, par des actes, que nous voulons, que nous pouvons tenir de nousmêmes, l'honneur, l indépendance, l'intégrité, tout ce que fait notre patrie libre et fière !

» Le Havre soulevé par votre sublime proclamation, attend vos ordres, pour agir et veut, avec vous, sauver à jamais la République.

» Indiquez l'endroit où doivent se concentrer, toutes les forces disponibles de l'arrondissement, et dans 24 heures chaque citoyen sera à son poste !

»Que la Province entière se précipite vers Paris ! Que dans chaque département des instructions que vous enverrez immédiatement, organisent de tous

---

(1) Journaux du Havre octobre 1870.

les points du territoire une marche sur Paris.

» Dans chaque département nommez un chef militaire supérieur, qui dirige exclusivement l'armée, la garde mobile les corps francs, la garde nationale mobilisée et la garde sédentaire. Il est urgent de faire cesser sans retard des conflits de pouvoir, qui énervent la Défense nationale, et de faire enfin sauver la France et la République, par de véritables Français et de véritables républicains. » (1)

Après avoir passé en revue, le 13 novembre, les différentes troupes de la garde nationale casernées au Havre, le commandant Mouchez écrivit à M. Huchon colonel de la garde nationale, la lettre suivante, que celui-ci fit afficher comme ordre du jour de la légion (2).

Mon cher Colonel.

J'ai hâte de vous exprimer avec quel sentiment de satisfaction et d'espoir j'ai constaté la belle organisation que vous avez su donner, à la garde nationale du Havre. Avant cette revue, ne connaissant pas encore toutes ces ressources, je pouvais conserver quelque appréhension, sur la possibilité d'une longue défense, sans une augmentation de garnison ; mais aujourd'hui, en admirant la belle tenue de vos nombreu-

----

(1) Cette adresse a été publiée par les journaux de la Ville en 1870.

(2) Journal du Havre 14 novembre 1870.

ses compagnies, (1) toute inquiétude a disparu. Quoi qu'il arrive, nous serons toujours à même de résister, et le Havre est assez fort pour que l'ennemi ne tente même pas de l'attaquer, sans faire un siège en régle, devenu aujourd'hui bien difficile, sinon impossible.

Je félicite très vivement la garde nationale, de l'excellent esprit qui l'anime, du patriotisme ardent dont elle fait preuve chaque jour, en accomplissant ces pénibles mais indispensables corvées d'exercices et de tranchées ; le dévouement, avec lequel elle remplit ses devoirs, lui fait le plus grand honneur, ainsi qu'aux dignes chefs qui savent l'inspirer. en lui donnant l'exemple de tous les sacrifices.

Par suite de l'union intime et de la communauté de sentiments, qui existent entre les autorités civiles et militaires, soyons pleins de confiance les uns dans les autres.

Tous pénétrés, de la même volonté de résistance énergique, nous prendrons je l'espére, une large part dans l'œuvre de délivrance de la République, si brillamment inaugurée sur les bords de la Loire.

____

(1) La 5e garde nationale, comprenait 6 bataillons, savoir :

1er bataillon,	commandant	Grasset	1083	hommes
2e	—	Binet	1661	—
3e	—	Morin	1376	—
4e	—	Marteau	1025	—
5e	—	Masmann	1601	—
6e	—	Courtine	1260	—
	Effectiff sur le papier		8006	

Recevez de nouveau mon cher colonel, avec mes vives félicitations, l'assurance de mes sentiments de bien affectueuse sympathie.

Le Commandant supérieur,

E. Mouchez (1)

Le Havre était avec Brest, le point de débarquement le plus considérable des armes achetées à l'étranger, par la commission d'armement. Le Havre devenu ainsi, *entrepôt de l'armement national*, reçut les 9 et 25 novembre et le 1er décembre 1870, par les paquebots *Le Peireire, Ontario et Avon*, venant d'Angleterre et d'Amérique :

11.230 fusils ou carabines Remington
27.129 — — Spencer
 7.480 — — Peabody
13.130 — Joslyn, Sharp, Warner etc
80.828 — Sprinfield soit en tout
____
139.797 (2) plus une trentaine de pièces de canon et 24 milions de cartouches et 5000 caisses d'obus.

Ces armes furent expédiées par la direction de l'artillerie, sur les arsenaux de l'intérieur, ou mises à la disposition des délégués envoyés par les préfets, d'après les ordres du gouvernement. Ces distributions eurent lieu en novembre et décembre à l'abri des fortifica-

____

(1) M. Leroy a reproduit un passage de cette lettre dans son livre.

(2). Ces chiffres sont fournis par M. Leroy dans son livre : Lé Havre et la Seine-Inférieure pendant la guerre de 1870-71. Paris Lahure 1887. Voir aussi les journeaux : Le Courrier du Havre et le journal du Havre mois de novembre et décembre 1870.

tions commencées par le colonel Massu
et preque entièrement achevées par le
commandant Mouchez qui, à partir du
jour où il fût investi du commandement,
supérieur, poussa avec la plus grande
activité les travaux de défense qu'il dirigeait; avec la collaboration du colonel Massu et du lieutenant-colonel Po-
tel, tous trois assistés des capitaines,
Peltier, Lefranc, Richemond, Bareze-
wski et Delahaye, ainsi que des in-
génièurs et conducteurs des ponts et
chaussées de la ville.

A cet effet, il occupa sans desempa-
rer, jusqu'à la fin de novembre, les
équipages de la flotte (1), les mobiles
et les troupes en garnison au Havre,
trois compagnies de la garde nationale
le génie et un nombre considérable de
terrassiers, embauchés par la municipalité du Havre.

Disons aussi, que le commandant
Mouchez qui examinait avec soin, toutes les propositions qui lui lui étaient
faites en vue de la défense, notifia à la
population havraisela décision suivante (2) et institua une commission des
inventions, sous la présidence de M.
Hérard, ingénieur en chef de l'arrondissement.

---

(1) Les équipages de la flotte employés aux travaux
de la défense par le commandant Mouchez, comprenaient environ 600 hommes.

(2) affiché dans le Havre et publié par les journaux
de la Ville le même jour.

INVENTIONS ET PROJETS POUR LA DÉFEN-
SE DU HAVRE

Le commandant supérieur des forces de terre et de mer, pour la défense, previent toutes les personnes qui auraient quelque invention, perfectionnement d'œuvres ou projet quelconque à présenter ou déjà présenté, dans le but de la defense du Havre, qu'il vient de nommer une commmission spéciale chargée d'examiner toutes ces propositions

Elle se réunira une fois par semaine à la sous-préfecture.

Toutes les personnes que cet avis intéresse sont priées de vouloir bien donner leur nom et adresse et objet de leur invention. Elles seront ultérieurement prévenues du jour de la 1ere réunion de la commission.

Le Commandant supérieur,
MOUCHEZ.

8 Novembre 1870

A la date du 20 novembre, tout le gros œuvre des travaux de la défense était terminé, les principaux ouvrages étaient armés. (1)

La ligne de défense de la Côte comprenait :

1· Les forts de Sainte-Adresse et de Tourneville et un troisième construit à Graville et appelé fort de Frileuse ou du Mont-Joly.

---

(1) Ces véritables ouvrages d'art en terre, nous apparurent au bout de 3 semaines comme si le plus pur génie eut mis 10 ans à les construire «Mouchez au Havre Petit journal 28 juin 1892».

Dès le 10 novembre un avis affiché en ville informait la population havraise que par ordre du commandant Mouchez, des pièges de guerre avaient été organisés en avant des ouvrages de défense, et que par suite il était interdit de s'approcher à plus de 100 pas de la partie extérieure des ouvragesconstruits et en voie d'exécution.

2· Trois redoutes établies aux Phares aux Acacias, à Sanvic et deux près de la Lézarde et à Cancriauville.

Tous ces ouvrages étaient réunis entre eux, par des retranchements en terre, précédés d'un fossé, et s'étendant depuis le Havre jusqu'à la Lézarde, Les fermes, bâtiments, murs compris dans cette ligne d'enceinte, étaient crénelés et organisés pour la défensive.

Cette ligne de défense, était appuyée à gauche, par les escarpements de la Héve, au centre par la forêt de Montgeon à droite par deux canonnières mouillées à la pointe du Hoc, par le marais d'Harfleur, rendu impraticable par les pluies d'automne. A Harfleur les ponts, le viaduc et le tunnel du chemin de fer étaient minés et prêts à sauter.

Une deuxième ligne de défense faite de retranchements en terre, précédés d'un fossé, appelée ligne de la Plaine, avait été construite au mois de novembre, de l'autre côté de la Lézarde, pour occuper le plateau d'Orcher et protéger la route de Paris.

L'armement de ces travaux de défense comprenait suivant M. Leroy (1) 143 piéces (2) dont moitié de fort cabibre, se répartissant ainsi :

26 piéces au fort de	Sainte-Adresse
32 — —	Tourneville
25 — —	Frileuse

---

(1) Le Havre et la Seine-Inférieure par Leroy page 63.

(2) M. Charles Vesque dans la notice qu'il consacra à l'amiral Mouchez dans l'almanach du « Cour-

22   — à la redoute de Cancriauville
6   —   —   la Lézarde
5   —   —   des Acacias
9   —   —   de Sanvic
10   —   —   des Phares

La ligne de la plaine était armée de 6 grosses pièces (1)

L'escadre du Havre à cette même époque comprenait :

1º *Le Catinat*, corvette portant pavillon du chef d'escadre.

2º *Le diamant* aviso.

3º *La Protectrice* (2). et *l'Imprenable* (3), batteries flottantes.

4º Les canonnières *Mitrailleuse* et *Alerte*.

5º Quatre chaloupes à vapeur et deux ordinaires (4).

En outre, le commandant Mouchez avait fait venir, deux compagnies de fusiliers-marins de Lorient; deux sections d'artillerie, ainsi que deux cents hommes d'infanterie de marine.

Enfin, le commandant Mouchez for-

---

rier du Havre » en 1893, donne comme force d'armement, 127 pièces de canon. Ce chiffre concorderait bien avec M. Leroy s'il n'est pas tenu compte des 6 pièces réparties dans la ligne de plaine.

(1) Le Havre et la Seine inférieure pendant la guerre de 1870-71, Paris, Lahure, 1887.

(2) commandé par le capitaine de frégate de Vallon qui exerça provisoirement le commandant supérieur en l'absence du Commandant Mouchez

(3) cette batterie flottante était commandée par le capitaine de vaisseau Ralior du Baty qui fut nommé par décret de la délégation, du gouvernement de Tours commandant supérieur des forces deterre et demer au Havre en l'absence de Mouchez appplé à Rouen.

(4) L'artillerie de ces navires comprenait 36 pièces dont 20 de gros calibre.

ma un bataillon de marche d'infanterie
de marine, avec les compagnies de dé-
pôt des 19e et 62e de ligne, qui se joignit à l'armée de l'Andelle.

Deux jours avant que les travaux
de défense, fussent complétement ache-
vés, le 18 novembre, une nouvelle qui
produisit une grande émotion en ville
parvenait aux autorités civiles : le commandant Mouchez était appelé au commandement de la subdivision militaire
de Rouen.

A cette nouvelle, le conseil municipal et le sous comité de défense du Havre, se réunirent et votèrent à l'unanimité, des adresses au commandant supérieur, pour lui exprimer leurs re-
merciments, en raison des services
qu'il avait rendus à la défense et leurs
regrets de le voir quitter la place, qu'il
occupait si bien depuis un mois.

Cet'e délibération du conseil municipal, portée au commandant Mouchez
par M. Guillemard maire et MM. Dufour et Bazan conseillers, était ainsi conçue :

« Le conseil décide, que de vifs remerciements, seront immédiatement
adressés, en son nom, à M, le commandant supérieur des forces de terre et
de mer au Havre, pour la patriotique
sollicitude, avec laquelle il a présidé
et organisé, la défense du Havre.

» Le conseil exprime à M. le commandant supérieur, tout son regret de
le voir quitter la place, qu'il occupait
si bien, et le prie instammant de ne

pas remettre le commandement à l'officier du plus haut grade et le plus âgé M. le colonel Massu ; il le prie de bien vouloir le conserver lui-même et de se considérer comme en déplacement et de déléguer la signature, à son chef d'état major (1) jusqu'à la nomination de son successeur. »

L'activité déployée au Havre par le commandant Mouchez, étant connue à Rouen, tout le monde en réclamait sa présence, au chef-lieu du département de la Seine-Inférieur et le conseil municipal lui-même, avait chargé sa délégation à Tours, de demander son envoi à Rouen. De son côté une députation du comité central de défense, composée de MM Raoul Duval, de Coëne et Dautresme, réclama sa présence sous les murs de Rouen. La délégation du comité central de défense, reçue par Gambetta le 14 novembre, obtint de cet homme d'état et du gouvernement de Tours, que Mouchez fut nommé au commandement de la subdivision de la Seine-Inférieure, en même temps que le renvoi à Rouen dn général Briand.

Le commandant Mouchez quitta donc le Havre le 19 novembre, avec une partie de la division navale, après avoir préalablement répondu par la lettre suivante, à M. Guillemard maire et à la députation qui venait lui apporter, la délibération du conseil municipal, qu'il pouvait être assuré que son

---

(1) Le capitaine de frégate de Vallon commandant la « Protectrice ».

éloignement ne serait que momenta-
né, et que dans la nouvelle position
qu'il allait occuper, il contribuerait
plus encore à la défense du Havre, qu'en
restant dans ses murs.

Havre le 18 *novembre 1870*

Mon cher Monsieur Guillemard maire
de la Ville du Havre.

Je ne puis quitter la ville du Havre
sans vous exprimer les très vifs regrets
que j'éprouve, de me séparer d'une position où je me voyais appuyé d'une si
sincére sympathie, de la part des autorités et de la population. Encouragé
par la confiance, qu'on avait bien voulu m'accorder, excité par l'esprit de
généreux et ardent patriotisme, qui régnait autour de moi et qui distingue
d'une manière si remarquable, la population havraise, je ne sentais plus le
poids de la lourde responsabilite que
j'avais assumée, et j'avais, une foi
inébranlable, dans le succés de nos
efforts; mais ce qui peut diminuer mes
regrets, c'est que notre séparation n'est
que momentanée ; dans la nouvelle
position que je vais occuper, je contri-
buerai plus à la défense du Havre
qu'en restant dans vos murs.

Ce n'est donc pas *adieu*, que je dis à
vos braves concitoyens, mais *au revoir*
car je les quitte avec l'espoir, de les
appeler bientôt, à la défense de leur
riche province ; et au secours de l'héroïque population de Paris.

Recevez Monsieur le maire, l'assurance de mon entier dévouement et de ma considération la plus sympathique.

Le commandant supérieur
E. Mouchez

P-S.—Au moment de vous adresser, cette lettre, j'ai 1eçu l'adresse que le conseil municipal vous a chargé de me me remetttre. Veuillez lui exprimer ma vive reconnaissance.

Ce témoignage honorable est trop flatteur, car je crains de ne l'avoir pas assez mérité, n'ayant fait que mon devoir militaire.

Je le conserverai comme une preuve précieuse, de la comunauté de sentiments qui nous animaient, pendant mon trop court séjour au milieu de vous, et comme un gage des efforts que je dois faire pour être utile à votre population.

Craignant de voir se renouveler les résistances, qui avaient signalé le commandement de son prédécesseur, le conseil municipal dans son adresse, priait le commandant Mouchez, comme on a pu le voir, de ne pas remettre ses pouvoirs au colonel Massu, en lequel on avait qu'une médiocre confiance, mais de bien vouloir le conserver, sauf à en déléguer les fonctions pendant son absence, à son officier d'état major, le capitaine Vallon.

De son côté le sous comité de défense du Havre, émit le vœu que le commandement fut confié, à l'un des deux officiers supérieurs de l'escadre, qui avaient le plus secondé le commandant dans l'exécution des travaux de défense. A cet effet il rédigea l'adresse suivante :

« A Monsieur le commandant Mouchez

Au moment où le choix judicieux du gouvernement provisoire, vous appelle à un poste plus élevé, le sous comité de défense du Havre, tient à vous exprimer hautement ses sympathies et ses regrets.

Il ne lui avait pas fallu longtemps en effet, pour connaitre les hautes capacités militaires, l'énergie indomptable et l'intelligente activité, qui débordent en vous Si court qu'ait été votre passage parmi nous, il nous aura suffi pour imprimer aux travaux de défense, une direction féconde, et nous n'avons plus qu'à suivre cette impulsion pour faire en peu de temps, du Havre, une ville imprenable comme vous le disiez si bien, dans votre ordre du jour de dimanche dernier. (1).

Mais il est encore une de vos qualités qui, aux yeux du comité, prime toutes les autres. A une époque douloureuse comme la nôtre, vous n'avez pas craint de proclamer hautement, votre foi réblicaine. Que votre successeur vous ressemble sur ce point et ayant assez de

---

(1) Lettre du commandant Mouchez au colonel Huchon.

patriotisme, il trouve assez de talent pour nous assurer la victoire.

Les membres présents :

RAMEL. MOUTTET, LECOQ, HERARD, DUFOUR, LECUREUR, RIDUET, BISSON, CARREL, MARTIN, FROISSARD, LIBERT »(1)

D'autre part, on adressa au gouvernement de la défense nationale à Tours la pétition suivante, qui fut déposée au kiosque du journal du Havre, place Louis XVI (2) le 18 novembre, bientôt recouverte de nombreuses signatures de la population havraise, ainsi que la décision prise par le sous comité de défense du Havre.

Ci :

« Aux citoyens membres du gouvernement de la défense nationale à Tours:

Messieurs,

Nous venons vous témoigner la patriotique satisfaction, ressentie par la population de notre ville, à la nouvelle de la nomination de M. Mouchez au commandement de la subdivision militaire de la Seine-Inférieure.

M. Mouchez pendant son court séjour au Havre, comme commandant des forces de terre et de mer de la place, pour l'intelligente et énergique direction imprimée aux travaux de la défense, s'est assuré la sympatique gratitude de notre ville.

---

(1) « Journal du Havre » et « Courrier du Havre » du 19 novembre 1870.
(2) aujourd'hui place Gambetta.

Son départ causera dans les rangs de nos défenseurs, un sincére et vif regret ; en ces jours de péril national, la reconnaissance scelle vite les liens presque intimes, entre les populations vraiment patriotes et les hommes qui consacrent toutes leurs facultés et tout leur dévouement, à mettre en œuvre les iorces vives, sur lesquelles la Patrie doit compter.

M Mouch°z va utiliser à Rouen pour le bien public, son expérience militaire et son dévouement. Nous devons donc nous réjouir du bon choix, que le gouvernement a su faire en lui, vous en remercier, et faire taire nos regrets personnels.

Nous ne saurions pourtant nous résigner à son départ, que si son successeur présente, dans l'intérêt de la défense du Havre, les mêmes garanties de courage, d'activité et de dévouement à la République.

Nous prenons donc la liberté de désigner, à votre haute appréciation, l'opportunité qu'il y aurait, à confier le comdandement supérirur de notre place, à l'un des deux capitaines de frégate, qui ont secondé M. Mouchez dans l'accomplissement de son œuvre, et dont toute notre population a pu déjà éprouver, les capacités et le patriotisme.

MM. Vallon et Rallier ont prodigué tous leurs soins dévoués, aux travanx de la dèfense.

M. Rallier commandant de l'*Imprena-*

ble, spécialement chargé des compagnies de débarquement, collaborateur assidu de M. Mouchez, dans toute l'exécution du plan de défense, depuis longtemps sur le tableau d avancement pour le grade de capitaine de vaisseau, serait peut-être le plus naturellement désigné par la situation, pour mener à bonne fin, cette œuvre patriotique. N'y aurait-il pas danger, à en changer subitement la direction et la pensée ?

A la valeur de l'homme, s'ajoatent des considérations particulières, que nous croyons devoir recommader, à toute votre attention M. le commandant Mouchez avait utilisé pour les travaux de défense, l'activité méritoire et l'infatigable bonne volonté, des marins de la station du Havre. Ces forces ont apporté un appoint notable, à l'exécution de nos travaux militaires, et nous croyons que ce serait en même temps, bonne justice et heureuse tactique, que de confier encore, la direction de la défense, aux muins d'un officier de marine, dont le personnel est si sympathique à notre population.

Nous osons espérer, que la demande que nous vous transmettons, au nom de la population du Havre, dont vous avez su en maintes occasions, encourager le patriotisme sera par vous favorablement accueillie.

Elle traduit les désirs unanimes de nos concitoyens, et nous croycns qu'en y faisant droit, vous serviriez l'intérêt de la République, et vous détournerez des résistances et des tiraillements qui ne pourraient, en affligeant les patriotes havrais, qu'être nuisibles à la défense locale.

Salut et fraternité !

Vive la République unie et indivisible » (1).

Ci :

Le *sous comité de la défense du Havre,*

« Considérant les importants services, rendus dans l'exécution des travaux de défense du Havre par MM. les capitaines de frégate Rallier et Vallon, collaborateurs de M. le comandant Mouchez.

Considérant que le Havre, ville maritime, à pleine et entière confiance dans l'énergique dévouement des officiers de la flotte.

Emet les vœu que le commandement supérieur du Havre, soit confié à l'un des deux officiers supérieurs, mentionnés plus haut. »

Le Président   Le sécrétaire

E. Ramel   C. Riduet (2)

Le conseil municipal et le sous-comité de défense, furent servis selon leurs désirs, exprimés au gouvernement de Tours et Mouchez quitta le Havre, laissant provisoirement le commandement au capitaine de frégate Vallon, commandant la batterie flottante la *Protectrice* faisant les fonctions de chef d'état-major.

---

(1) Journaux de la ville du 18 novembre 1870.
(2) Journaux de la Ville du 18 Novembre 1870.

Quatre jours après, par un décret de la délégation du gouvernement, le commandant de la batterie flottante *l'Imprenable*, M. Rallier, capitaine de frégate était nommé commandant supérieur des forces et de mer. (1)

A la suite du malheureux combat soutenu par nos troupes à Villers-Bretonneux et l'occupation de la Ville d'Amiens, le 29 novembre, un éclair de joie illumina tous les fronts, après la publication de la dépêche, du ministre de la guerre au général Briand, datée du 1er décembre 4 heures du soir, annonçant qu'une grande victoire avait eu lieu à Paris, que Ducrot était sorti avec 100,000 hommes et occupait la Marne. (2) Après la confirmation de la dépêche par la proclamation de Gambetta, les autorités civiles et miltaires du Havre, réunies à la sous-préfecture décidèrent de faire appel à tous, en affichant la proclamation ci-jointe (3).

---

(1) Le décret est daté du 23 novembre. Notons qu'à la suite de cette nomination, le colonel Massu fut autorisé sur sa demande à faire valoir ses droits à la retraite, le 29 novembre. Il se retira à Villefranche (Rhône) et mourut l'année suivante.

(2) Tours à général Briand
Grande victoire à Paris et sortie de Ducrot avec 100,000 hommes il occupe la Marne. Ramassez tout ce que vous pourrez et marchez vigoureusement sur Paris de manière à détourner le plus possible l'attention de l'ennemi. Observez votre gauche où doit se trouver le corps de Manteuffel.   De Freycinet

(3). Voir document annexe numéro 3.

(Document Annexe Nᵒ 2)

RÉPUBLIQUE   FRANÇAISE

Liberté Egalité Fraternité

Citoyens

La République comme autrefois la Convention avait décrété la victoire.

La République a tenu parole.

En 1792, il a fallu huit mois pour organiser 14 corps d'armée et alors Paris était libre et l'ennemi n'avait pu dépasser Verdun.

En 1870, malgré l'investissement de Paris, malgré les criminelles capitulations de Sedan et de Metz, trois mois ont suffi pour armer la Nation tout entière.

La victoire d'Orléans a appris à la capitale, que la province s'avançait pour lui donner la main.

Aujourd'hui c'est Paris qui tend la main à la province.

Cent mille hommes commandés par le brave général Ducrot, viennent de briser le cercle de fer qui les entourait

Citoyens

L'heure de la délivrance a sonné.

L'ennemi abandonne en toute hâte les positions qu'il occupait autour de nous.

Il dépend de nous de changer cette retraite en déroute.

Le Havre qui a toujours donné

l'exemple du patriotisme, voudra que son drapeau flotte un des premiers sur les murs de Paris.

Le colonel de la garde-nationale (1) revendique l'honneur d'y conduire immédiatement un premier bataillon de volontaires, dans lequel la municipalité sera représentée.

Que les patriotes se lèvent sur le champ et jurent de ne rentrer dans leurs foyers, qu'après avoir replacé la France à la tête des nations libres, et bientot la République donnera à la France autant de gloire, que l'Empire lui avait infligé de honte !

VIVE LA FRANCE GLORIEUSE

VIVE LA RÉPUBLIQUE

UNE ET INDIVISIBLE

RALLIER	GUILLEMARD	E. RAMEL
Commandant supérieur	Maire	Sous-Préfet

(Affiche)

A la suite de cette proclamation émanant des autorités havraise, affichée le 2 décembre 1870, le rappel fut battu dans tous les quartiers de la ville, appelant sous les armes, les gardes nationaux. De nombreux volontaires se présentèrent spontanément et la lettre adressée au maire du Havre, par le colonel de la garde nationale M. Huchon que nous reproduisons in-extenso, exprime bien leur état d'âme.

---

(1) Huchon.

Monsieur le Maire,

A la lecture de votre proclamation j'ai réuni les capitaines des compagnies de la garde nationale et je viens vous dire avec satisfaction, qu'ils ont répondu à votre appel, avec un chaleureux enthousiasme.

Tous vos concitoyens demandent à partir ensemble et sont tous prêts à marcher au premier ordre. Je suis certain d'être l'echo de leurs désirs, en vous priant de provoquer du gouvernement de la défense nationale, un ordre immédiat, permettant de devancer l'appel des hommes de 21 à 40 ans, qui au lieu d'aller camper au camp qui leur a été désigné du 20 au 30 courant se rendraient instantanément sous les murs de Paris.

J'ai la conviction, que l'honneur de servir la Patrie, honneur dont ils sont fiers à juste titre, leur sera envié par les bataillons des gardes nationaux sédentaires. Leur élan et leur patriotisme, prouvera une fois de plus, que le Havre sait toujours remplir dignement son devoir, et que le cœur de ses enfants, est toujours plein d'une vaillante ardeur.

Recevez M. le Maire, l'assurance de ma haute considération.

ALEX. HUCHON.

Aussitôt, M. Ramel sous-préfet s'empressa de télégraphier au ministre de la guerre et au général Briand, pour leur faire part des dispositions de la garde nationale et demander pour elle l'ordre de marcher sur Paris.

Voici le texte d'une des deux dépêches qui confirme ce que nous avançons ici :

Sous-Préfet du Havre à Général de division (1)

2 Décembre.

Le colonel de la garde nationale du Havre (2) m'écrit pour me dire que ses hommes sont prêts à partir ensemble et à marcher au premier ordre. J'ai télégraphié à M. le Ministre de la guerre, j'espère qu'il acceptera l'offre spontanée de la légion havraise qui, dans ce cas, est immédiatement à votre disposition.

Le Sous-Préfet,

Ramel.

D'autre part, M. de Freycinet, au nom du ministre de la guerre, adressait au général Briand la dépêche suivante :

Ministre de la guerre à général Briand à Rouen

Tours, 2 décembre 1870,

Le Sous-Préfet du Havre m'envoie la dépêche suivante : Appel à la suite duquel tous les officiers viennent par mon intermédiaire vous prier de donner immédiatement l'ordre à nos ba-

---

(1) Briand.
(2) Huchon.

taillons de garde nationale sédentaire,
de marcher sur Paris. Ils sont prêts et
attendent votre réponse.

Appréciez vous même le parti que
vous pouvez tirer de ce concours et si
vous le jugez efficace, donnez vos instructions en conséquence.

DE FREYCINET (1)

La Réponse fut une déception pour
le Sous-Préfet, car dans la soirée, le
commandant Mouchez, par mesure
de prudence écrivit de Rouen à M. Ramel :

« Très vives félicitations, pour vo-
élan patriotique, mais, l'ennemi avan-
çant rapidement sur Rouen, avec des
forces considérables, je reviens de chez
le général Briand, qui m'ordonne de
défendre le département, avec toutes
les gardes nationales sédentaires. »

Ainsi furent contraints de s'abstenir
de partir, les gardes nationaux du Havre et ordre fut donné aux 1·r et 4e bataillons, de partir pour Rouen, les dépêches de M. Estancelin annonçant
l'invasion du département et appelant
tous les gardes nationaux à l'activité.
(3 décembre)

Ce ne fut donc pas en vain, que le
commandant Mouchez écrivit au Sous-
Préfet Ramel, pour lui communiquer
la sage et prévoyante mesure, que lui
dictait son savoir de stratégiste, car

---

(1) Publiée par « Le Nouvelliste de Rouen », « Le
Journal du Havre », « Le Courrier du Havre ». Décembre 1870)

aux nouvelles de l'invasion du département de la Seine-Inférieure, par l'armée allemande, allaient se joindre d'autres nouvelles plus alarmantes encore: la prise de Rouen, Buchy et Bosc-le-Hard.

A propos de Buchy, il n'est pas sans intérêt de connaître ce qui s'était passé d'après Mouchez lui-même, qui avait en effet pris la plume, pour se défendre des erreurs commises, au sujet du rôle qu'il joua à ce moment, ne voulant pas non plus accepter la responsabilité, trop grave, du rôle qu'on semblait vouloir lui attribuer dans cette affaire.

Dans une lettre qu'il adressa à M. Leroy auteur d'un ouvrage sur « La Seine-Inférieure pendant la guerre » Mouchez dit notamment; « il n'est pas jusqu'au délégué de la guerre, lui-même, M. de Fréycinet qui, dans son ouvrage sur les évênements de 1870, va jusqu'à m'attribuer le commandement de 2,000 marins à Buchy, quand en réalité. il n'y en avait que deux : mon aide de camp M. Boistel et moi. » et l'ancien commandant de la défense du Havre, continue :

« Voici, aussi brièvement que possible, mon rôle dans cette triste circonstance. Sur la sollicitation de Rouen à la fin de novembre, j'avais dû, bien malgré moi, abandonner momentanément le commandement de ma division navale et de la ville du Havre, pour venir faire autour de Rouen, des travaux de défense, semblables à ceux que j'avais fait exécuter au Havre.

Quelques jours après mon arrivée à Rouen, le général Briand commandant en chef, me fit appeler dans la nuit du 2 au 3 décembre, et me donna l'ordre d'aller prendre immédiatement le commandement, de quelques corps francs et mobiles, qui, sous les ordres du lieutenant-colonel de Beaumont du 3me hussards, battaient en retraite depuis plusieurs jours, devant le corps d'armée allemand, venant de Metz, sous les ordres du général de Manteuffel.

Je fis remarquer au général Briand, qu'il était plus apte que moi, de remplir une telle mission, que nouvel arrivé, absolument inconnu des troupes et étranger à toutes les opérations de la guerre en Normandie, je n'avais aucune connaissance, ni des localités, ni de la situation des corps, dont il voulait enlever le commandement, au lieutenant-colonel de Beaumont, bien plus capable, que moi également, de conduire les opérations et les troupes, qu'il connaissait et dirigeait depuis longtemps.

Le général Briand insistant et se disant dans l'impossibilité de sortir de la ville, je dus partir, mais en lui déclarant, que je ne pouvais guère accepter que la mission d'aller examiner la situation sur les lieux, pour lui en rendre compte après entente, avec le lieutenant-colonel de Beaumont. En prenant congé du général, je le priai de me dire en quoi consistaient les troupes, auprès desquelles il m'envoyait ; n'obtenant pas de réponse précise, je tirai de ma poche, une carte du département, qui ne me quittait jamais et la dépliai devant lui, mais sans vouloir même la regarder, il me dit que la faiblesse de vue, ne lui permettait ni de lire, ni de se livrer à aucun travail de cabinet que je n'avais qu'à partir par un train spécial, préparé d'avance, et aller jusqu'à ce que je fusse arrêté, par la présence des troupes ou de l'ennemi.

C'est ainsi que je partis de Rouen, à minuit, sans même avoir rien pu préparer pour moi, et accompagné de mon aide de camp, M. le lieutenant de vaisseau Boistel.

Le train marchant assez lentement, sur la voie couverte de neige, je dépassai Buchy vers deux heures du matin et arrivai, vers trois heures sur un point où je rencontrai un peloton de hussards en faction, qui m'apprenait que nous étions déjà débordés de tous côtés par l'ennemi, que nos troupes en pleine déroute, épuisées de fatigue, de froid et de faim, avaient reçu l'ordre d'arrêter aux environs de Buchy, et que c'était là, que je devais retourner pour avoir la chance de rencontrer le lieutenant-colonel de Beaumont.

Je fis rétrograder le train, et en mettant pied à terre à quatre heures du matin, à Buchy, je me mis à parcourir le village et ses environs, en attendant le jour, pour me rendre compte de la situation.

Dans l'impossibilité de trouver à se loger, dans quelques maisons abandonnées de cette bourgade, nos malheureux mobiles débarrassés de leurs sacs et fusils, qu'ils n'avaient plus la force de porter, couraient le pays, cherchant en vain, le moindre abri contre le froid et la neige, ne trouvant même pas de combustible pour des feux de bivouac, obligés de camper depuis plusieurs nuits en plein air, par un froid intense qui venait de commencer subitement, sans vêtements convenables, sans approvisionnements, ni organisation aucune, n'ayant même pas de vivres depuis plusieurs jours, parce qu'avec le *franc* quotidien qu'on leur distribuait pour leur nourriture, ils ne trouvaient rien à acheter dans les villages, abandonnés à l'approche de l'invasion. Aussi, dès que ma présence fut signalée, après ma rencontre avec le lieutenant-colonel de Beaumont, je fus assailli par une véritable meute d'affamés, parmi lesquels les officiers n'étaient pas les moins excités, me demandant du pain, dans les termes les plus énergiques, et je ne parvins à les calmer qu'en leur promettant l'arrivée prochaine de vivres, que je demandais en toute hâte à Rouen par le télégraphe.

Après de bien longues heures d'attente, vers midi, l'intendance et l'autorité supérieure me répondaient qu'on n'avait pas à Rouen de vivres à nous envoyer, que les troupes ayant reçu leur *franc* de nourriture, n'avaient rien à réclamer. Je dus alors m'adresser à la municipalité, et, grâce au dévouement et à l'activité de quelques membres du Conseil, et surtout de M. Raoul Duval, il nous arriva dans la soirée quelques wagons de pain et de viande, qu'on commença à piller dès leur arrivée. Je fus obligé de m'interposer moi-même, pour éviter ces désordres, de passer la nuit avec le lieutenant-colonel de Beaumont, à distribuer les vivres aux quelques milliers d'hommes formant une foule compacte autour de la gare et de notre auberge. Cettepréoccupation de satisfaire un besoin aussi impérieux que la faim, avait fait oublier, la présence de l'ennemi et sa marche rapide pendant la nuit. Aussi, à la pointe du jour, et après avoir reçu aucun avis de nos avant-postes, une grêle de projectiles lancés par une batterie hors de vue, à quatre ou cinq kilomètres de distance, au-delà de la vaste plaine qui nous entourait, s'abattit subitement sur le village et l'un d'eux brisa la porte de l'auberge, où nous terminions la distribution des vivres.

Le lieutenant-colonel de Beaumont me dit que, pour couvrir autant que possible la retraite, il allait envoyer les quatre seuls mauvais canons dont nous disposions, en avant du village, avec quelques pelotons de hussards, les mobilisés du colonel Lapérine et les corps francs de Mocquart, qui étaient les moins désorganisés. Mais la grande précision de tir de l'artillerie allemande à grande portée, qui démonta du premier coup une de nos quatre pièces, fit naître bientôt une véritable panique. Nos quatre petits canons ne portaient guère utilement, à quatre ou cinq cent mètres. Toutes les troupes battirent en retraite après un essai de résistance inutile, et le village de Buchy fut si rapidement évacué, que vers neuf heures du matin, je m'y trouvais seul avec mon aide de camp, sans aucun moyen de transport pour retourner à Rouen. Ce ne fut que vers dix heures que je trouvai deux chevaux sans selle, sur lesquels nous pûmes continuer la route. Accablé par la fatigue et les privations de nourriture, je n'aurais certainement pas pu rentrer à Rouen avant l'ennemi, si Madame Mouchez, qui n'avait jamais voulu me quitter, n'était venue de la ville au devant de moi, vers Buchy, avec un fiacre et des vivres dont j'avais grand besoin.

Après être resté, plus de quarante huit heures sans rien prendre, j'arrivai à Rouen dans la soirée et je fus immédiatement appelé, au Conseil de guerre, qui devait statuer sur la défense de la ville et passer toute la nuit, à en faire faire les préparatifs. En quittant le Conseil à quatre heures du matin, je me rendis au secteur que je devais commander, dans le nord de la ville ;

mais, malgré les ordres données aux troupes qui devaient s'y réunir sous mon commandement, j'y restai pendant deux heures *absolument seul*, avec mon aide de camp et j'y reçus, vers six heures, l'ordre d'évacuer et de me retirer sur le Havre *avec mes troupes*.

Tel est mon rôle, dans ce qu'on appelle la déroute de Buchy, et qui n'a été en réalité, qu'un épisode d'une retraite de six jours de durée, de 8 ou 10,000 mobiles, mobilisés et corps-francs, sans cohésion, sans commandement, sans organisation, ni approvisionnements d'aucun genre, incapables de résister à un corps-d'armée, comme celui qui envahissait la Normandie sous les ordres du général de Manteuffel.

Ce n'est que par les ouvrages publiés après la guerre, que j'ai appris ce qui s'était passé dans cette journée du 4 décembre et les journées précédentes près de Buchy et dans la contrée environnante, mais je n'ai pas eu à donner un seul ordre, pour tous ces mouvements de troupe ; je n'avais pas cru pouvoir accepter cette responsabilité.

Quand à l'évacuation de Rouen, le général Briand a eu parfaitement raison de l'ordonner ; une ville entièrement ouverte, sans fortifications, sans un seul canon pour en défendre l'approche, ne peut, à défaut de troupes régulières, essayer de résister qu'avec l'aide de la population et de la garde nationale.

Appelé dans le Conseil de guerre dans la nuit du 4 au 5, le maire M. Nétien et ses adjoints, nous déclararèrent au nom du Conseil municipal, que la population et la garde nationale ne prêteraient leur concours à la défense qu'à la condition que la ville ne serait pas bombardée, mais qu'au premier boulet reçu on capitulerait. La population préférait payer une rançon de guerre, que de s'exposer au désastre aussi certain qu'inutile. d'un bombardement, sous lequel il était si facile d'écraser la ville de toutes les hauteurs qui la dominent.

Le seul tort du général Briand, a été d'hésiter pendant toute la nuit, après cette déclaration si formelle et d'attendre jusqu'à six heures du matin. pour donner l'ordre d'évacuer. il avait ainsi gravement compromis le Havre, ce que j'aurais voulu éviter à tout prix. Si l'armée allemande avait déployé plus d'activité et profité de cette faute, elle pouvait couper la retraite vers l'ouest et détruire ou prendre, cette colonne de 15 ou 18000 hommes alors incapables de la moindre résistance, mais qui rentrés au Havre, allaient former le noyau d'un nouveau corps d'armée et défendre cette ville, si importante à conserver.

Le nombre des troupes réunies a Rouen et dans les environs, s'était considérablement accru pendant deux ou trois jours, parceque toutes les autorités des pays environnants, le géné-

ral Briand, M. Estancelin, les autorités
du Havre et du département de l'Eure
faisaient converger sur Rouen, sans
établir entre elles, la moindre entente
tous les petits corps isolés dont elles
pouvaient disposer ; il en arrivait de
tous les côtés.

Cette retraite s'effectua dans la
journée du 5 et du 6 par Honfleur, avec une grande rapidité, malgré l'épuisement des troupes ; on laissa malheureusement sur la route
150 ou 200 hommes morts de faim et
de fatigue. Pre-sé d'arriver à Honfleur avant les troupes, pour préparer
et diriger leur embarquement sur les
bateaux et navires que j'avais re-
quisitionnés au Havre, par le télégraphe....

Je dus même abandonner sur la route, au pied d'un arbre, un aide de camp
M. Boistel, qui, brisé de fatigue et en-
gourdi par le froid intense de cette nuit,
se trouva dans l'impossibilité de me
suivre. C'était la quatrième nuit que
nous passions debout ou à cheval ;
nous en avions encore deux semblables
à passer, avant de pouvoir nous repo-
ser ; mais il fut heureusement recueilli,
quelques heures après, dans une ferme
et put me rejoindre le lendemain. (1)

-----

(1) Lettre de l'Amiral Mouchez ancien commandant
des forces de terre et de mer du Havre à M. Leroy.

Chapitre IV

DEVANT L'ENNEMI

Sommaire.— Prise de Rouen.— Le Havre en
danger.— Retour du Commandant Mouchez.
— Le conflit Gambetta-Ramel. — A propos
des réquisitions. — Ordre de départ de l'armée du général Briand. — Protestations contre le départ des troupes devant l'Hôtel de
l'Europe. — Expédition contre le Havre. —
Appel aux armes. — Dispositions prises par
le commandant Mouchez. — Nouvel ordre de
départ.— Manifestation populaire. — Décla-
rations du commandant Mouchez. — Les forces du Havre.— Reconnaissance sur la route
de Rouen.—Délibérations du conseil de guerre.— Occupation de Beuzeville par le commandant Mouchez.— Prise de Château-Robert.—
Le général Péletingras. — Séance du conseil
de guerre. — Mouvement de retraite des
troupes de Peletingras. — Opposition des autorités locales au départ des troupes de ce
général. — Le combat de Gainneville,— Le
général Loysel. — M. Carnot préfet de la
Seine-Inférieure.— Paris bombardé.— Organisation des troupes.— Patrouilles ennemies.—
Prise de Bolbec ; les ôtages. — Le pont de
Mirville.— Le blocus ; intervention de M. Carnot. — Armistice. — Ligne de démarcation
de l'occupation allemande.— Protestations de
Sadi Carnot et du général Loysel.— Achève-
ment des travaux de défense. Elections du 8
janvier 1871.— Adieux de Carnot au Havre.—
La paix. — Adresse de félicitations aux commandant Mouchez et Rallier. — Démission de
M. Ramel. — Conclusion.

Après la déroute de Buchy dont la
nouvelle parvint dans la journée du 4
décembre à Rouen où Mouchez commandait ; « du moment où l'on n'avait
pas cherché à arrêter le général de Manteuffel dans le pays de Bray, écrivait
le colonel Rolin (1) c'est à dire dans
cette contrée accidentée qui avoisine les
sources de l'Epte et l'Andelle, entre
Gournay et Neufchâtel, le sort de Rouen
était décidé » (2) et malg é les dispositions prises par le général Briand, à la
suite de la déclaration du conseil municipal de Rouen qui décide de « s'en
remettre au général, parce qu'en dé-
fendant son honneur militaire, il défen-
dait en même temps celui de la ville » (3).
dans la soirée du 4, on était fixée au
Havre (4) sur le sort qui attendait Rouen
le lendemain.

Cette perspective remplissait d'anxiété les autorités civiles et militaires
de l'arrondissement, car tout ce que le
Havre avait organisé de troupes régulières de mobiles et mobilisés avait été
envoyé à Rouen, depuis quelques jours,
et l'armée qui devait défendre l'entrée
du département étant battue, la garde
nationale sédentaire seule restée der-

(1) M. Rolin commandait le 2e bataillon des gar
des mobiles de la Seine-Inférieure.

(2) La guerre dans l'Ouest par L. Rolin. Paris,
Plon et Cie, 1874 page 249.

(3) Compte rendu analytique du conseil municipal
de Rouen 1re séance de décembre 1870 et L. Rolin —
la guerre dans l'Ouest. Paris, Plon, 1874 p. 253.

(4) La nouvelle parvenait vers les 4 heures du soir.

rière les lignes de défense, était insuf-
fisante pour tenir tête à l'ennemi, sur
l'étendue des fortifications construites,
par le commandant Mouchez.

En effet, le 5 décembre, à 5 heures
du matin, le général Briand prévenait
le maire de Rouen (1) qu'il avait donné l'ordre de la retraite sur le Havre
par la rive gauche. L'ordre de ce mouvement rétrograde donné fut exécuté
et à 6 heures du matin, l'armée était
en pleine retraite sur la route de Caen,
pour gagner le Havre par Bourg-Achard
Pont-Audemer, Honfleur et la mer. A
deux heures et demie, Rouen était occupé par l'ennemi qui entra par trois
côtés tambours et musique en tête.

Par suite de la prise de Rouen, la
ville du Havre se trouva brusquement
découverte; « mais, nous dit M. Rolin,
elle n'en fût ni surprise ni déconcertée,
car elle s'était de longue main préparée
à la résistance. » (2)

Dans l'hypothése que les Prussiens
enivrés du succès facile de la prise de
Rouen, tenteraient un coup de main
hardi sur le Havre qui, dans les vingt-
quatre heures, pouvait être bombardé
par le gros de l'armée ennemie, forte de
son artillerie, dans la soirée même du
4 décembre M. Ramel sous-préfet du
Havre, intima l'ordre à tous les maires
de l'arrondissement d'envoyer le lendemain tous les gardes nationaux de 21
à 40 ans armés, équipés ou non, qu'il se

____

(1) M. Nétien.

(2) L. Rolin — La guerre dans l'Ouest. Paris, Plon
et Cie 1874. p. 291.

proposait d'équiper et d'armer avec les ressources de la place et de l'arsenal du Havre. De plus, le lendemain, on affichait sur les murs de la ville, la proclamation suivante :

HABITANTS DU HAVRE

Par une marche rapide, l'ennemi est arrivé aux portes de Rouen.

Le Havre plus menacé que jamais, mais préparé depuis longtemps, est décidé à la plus énergique défense.

A l'approche du danger, nous faisons un nouvel appel au patriotisme de la population.

Aucun sacrifice ne lui coûtera pour repousser l'ennemi et préserver votre riche et vaillante cité, du pillage et de la souillure de l'étranger.

Soutenus par son énergique concours, nous répondons du salut du Havre.

Vive la République une et indivisible !

Le Commandant supérieur   Sous-Préfet   Maire
RALLIER   RAMEL   GUILLEMARD

Havre, le 5 Décembre 1870

En même temps, des mesures énergiques étaient prises en vue de l'invasion, et ordre était dépêché aux maires, de faire évacuer sur le Havre les armes et les bestiaux en leur possession, en un mot, tout ce qui était susceptible de pouvoir servir à l'approvisionnement de l'ennemi.

Bientôt, l'arsenal se remplit de fusils et des munitions de la commission d'armenent mais par précaution et par une mesure sage, l'administration réquisitionna les gardes nationaux et leur distribua les armes, plûtôt que de les laisser prendre par l'ennemi. Même distribution fut faite aux ruraux appelés la veille, par la dépêche adressée par le sous-préfet, aux différents maires de l'arrondissement.

Dans la journée du 6 décembre, le commandant Mouchez télégraphia de Pont Audemer, où des têtes de colonnes é'aient déjà arrivées, au sous-préfet du Havre :

« Par ordre de Briand, je vous envoie 10.000 hommes pour défendre le Havre. 15.000 doivent rester ici pour rejoindre l'armée de l'Ouest; je crois qu'il me gardera avec lui. Les troupes n'arriveront que dans l'après-midi et dans la soirée »(1)

Le général Briand en effet, arrivé à Pont-Audemer, hésitait dans sa détermination de retraite sur le Havre, voulant éviter pour lui et ses armes, un nouvel échec. Il songeait à rejoindre l'armée de l Ouest, avec la plus grande partie de ses forces, tout en manifestant le désir de garder avec lui, le commandant Mouchez, qui avait organisé le commandement de la défense du Havre et dont le nom était cher aux yeux de ses habitants.

Cette nouvelle causa une émotion douloureuse, les autorités s'émurent de cet état de chose et ne voulurent pas

______
(1) Archives sous prefectorales du Havre.

communiquer la dépêche au public, qui à sa lecture, se serait certainement exaspéréré et découragé.

Mais les autorités avisérent aussitôt au gouvernement de Tours et télégraphièrent simultanément, au ministre de la guerre et au commandant Mouchez.

Voici l'échange de dépêches qui eut lieu :

Sous-Préfet du Havre à Ministre de la Guerre(1) *à Tours*

« Tout le monde ici est résolu, mais il faut que nos efforts ne soient pas vains ; que nous ayons quelques troupes solides pour soutenir les recrues, qui composent la garde nationale mobilisée, c'est à dire les 10,000 hommes qu'on nous destine. Ne pas nous laisser le corps entier de Briand, serait assumer la plus grande responsabilité.»

RAMEL

Sous-Préfet du Havre à Commandant Mouchez à Pont-Audemer

Ne pas nous laisser les 15,000 hommes qu'on veut envoyer dans l'Ouest, c'est vouloir que le Havre tombe dans les mains de l'ennemi. Il y a là une lourde responsabtlité, qui deviendrait presque de la trahison, de la part de celui qui ordonnerait cette mesure. Je ne sais de qui émane l'ordre de scinder les troupes, mais j'espère et il importe, qu'il soit contremandé sur le champ, ou l'on jetterait ici, le plus complet dècouragement.

(1) Gambetta

Je compte et avec moi toute la population Havraise. sur votre énergique concours, pour diriger la défense de notre ville , et nous sommes résolus à user de tous les moyens, pour arriver à ce résultat. »

La réponse ne fut pas longue à se faire attendre et le commandant Mouchez répondit de suite, que *toute l'armée viendrait au Havre*, demandant que l'on préparât de suite, le logement et les vivres, les troupes devant arriver dans la soirée.

Le Commandant Mouchez conduisit lui-même ses hommes à Honfleur et là, de concert avec le commandant Rallier, il s'occupa de l'embarquement pour le Havre. De plus par « décision du gouvernement de Tours, en même temps que Mouchez était chargé du commandement supérieur de la défense de la place du Havre, M. Ramel était investi de tous les pouvoirs civils. » (1)

L'armée du général Briand était à peine installée dans la ville du Havre, et le conflit survenu entre Gambetta et le Sous-Préfet, au sujet des réquisitions de fusils et de munitions faite par ce dernier était à peine arrangé (2) que M. de Freycinet télégraphiait au général Briand de quitter la Ville et de se concentrer.. vers Cherbourg, avec le

(1) Décision du ministre de la Guerre et du ministre de l'intérieur, en date du 8 décembre 1870.

(2) Gambetta avait en effet fini par donner son assentiment en envoyant une dépêche — document désormais historique — ainsi conçue :
Havre-Tours. — Intérieur à Sous-Préfet Havre

gros de ses forces, le gouvernement ayant en effet l'intention de défendre les lignes de Carentan. Le texte de la dépêche contenait en effet :

« Vous vous concerterez avec les autorités du Havre et vous vous iuspirerez des nécessités de la défense. A vous d'apprécier. Nous nous rapportons à votre loyauté pour ne pas céder d'un côté, aux exigences du Havre et pour ne pas non plus compromettre la défense de cette ville, à laquelle nous tenons tout particulièrement. Le chiffre des troupes que vous devez ramener à Cherbourg ne devra pas être inférieur à 5.000 hommes. »

Malgré la présence d'une avant-garde prussienne, signalée à Yvetot le 7 décembre (1) ce qui laissait prévoir l'apparition soudaine de l'ennemi de-

La situation critique de la Ville autorise jusqu'à un certain point la réquisition d'armes que vous avez faite à la direction d'artillerie, mais cette réquition engage votre responsabilité de la manière la plus grave. Ne m'apprenez po nt tout à coup que le Havre qui parle tant de se défendre ne s'est pas défendu comme cela est arrivé à tant d'autres villes.

Vous êtes armés, il faut résister avec la dernière énergie. Lutter jusqu'à la mort plutôt que de rendre la ville. Je vous le répète vous avez encouru à mes yeux une responsabilité que je suis décidé à invoquer contre vous s'il y a lieu. »

A quoi M. Ramel répondit :

« J'accepte complètement la responsabilité qui m'incombe ; le Havre et ses chefs feront leur devoir jusqu'au bout, et il ne dépendra pas de nous que l'honneur de la Normandie ne soit vengé. Nous repousserons l'ennemi ou nous saurons mourir.

Le Havre 7 décembre 1870 »

(1) La dépêche portait :

Yvetot

L'ennemi est entré à Yvetot à 6 h. 30.

6 décembre, 9 heures

vant le Havre, le géneral Briand, se conformant aux ordres du gouvernement de la défense nationale de Tours, formait sa division avec les mobilisés de Rouen, les hussards, cinq bataillons de mobiles, ordonnant l'embarquement pour se transporter le soir même à Cherbourg.

Des dépêches annonçant l'apparition à Etainhus d'éclaireurs ennemis n'étaient point faites non plus, pour rassurer la population : le commandant Grosos des éclaireurs à cheval du Havre, revenant de faire une reconnaissance sur Etainhus déclarait en effet, avoir rencontré une patrouille de dragons prussiens, avec laquelle ses hommes échangèrent des coups de feu sans résultat et il envoyait aux autorités la dépêche suivante :

Le commandant des éclaireurs au commandant supérieur des forces de terre et de mer.

» Le chef de gare de Saint-Romain à Etainhus où j'étais à 4 heures, venait de recevoir une dépêche du chef de gare d'Alvimare, l'informant que les communications étaient interrompues avec Yvetot, qui devait être de nouveau occupé par l'ennemi, qui se dirigeait sur Alvimare. Le chef de gare se repliait avec matériel ».

EUGÉNE GROSOS (1)

Devant l'imminence du danger, que pouvait encourir la ville du Havre, le

---

(1) Dépêche publiée par les jouruaux du Havre.

sous-préfet Ramel et le maire Guillemard, décidèrent de se rendre auprès
du général Briand et de protester de
la façon la plus énergique, contre son
départ et celui de ses troupes.

« Il était neuf heures du soir, écrit
M. Leroy, une foule énorme stationnait
dans la rue de Paris, devant l'hôtel de
l'Europe (1) où résidait le général, manifestant ses impatiences et ses alar-
mes, avec la plus grande vivacité.
Enfin, après quelques moments d'attente,, les mandataires de la ville sortirent de l'hôtel, annonçant que les
troupes seraient maintenues au Havre.
On cria aussitôt : Vive Guillemard !
Vive Ramel ! et la foule rassurée re-
conduisit en triomphe à l'Hôtel-de-
Ville, le sous-préfet et le maire. » (2)

De plus, une proclamation (3) du
maire placardée dans les rues, fit connaitre à la population, le résultat de
l'entrevue.

Une fois en possession de Rouen,
le général de Manteuffel, prépara une
expédition contre Le Havre, qui partit
sous les ordres du général de Brandebourg et dont les instructions portaient
de désarmer les populations, de briser
toute résistance et d'occuper toute ville
ouverte.

---

(1) Cet hôtel aujourd'hui disparu a été transformé
et amenagé pour un magasin qui porte nom : Grand
Bazar, situé au n° 121 de la même rue.

(2) Leroy. — Le Havre et la Seine-Inférieure pendant la guerre de 1870-71. — Paris. Lahure 1887,
p. 157. — Voir aussi les journaux du Havre et notamment l'article du journal du Havre intitulé : la
manifestion d'hier.

(3) Voir Document-Annexe n° 3.

Parti le 8 décembre de Rouen, il atteignit Bolbec le 9 et envoya reconnaître les deux principales routes du Havre par Montivilliers et Saint-Romain. Ces reconnaissances furent rencontrées par le colonel Mocquart qui signala leur présence le 9 au soir et par le commandant des éclaireurs à cheval Grosos dont nous venons de reproduire la dépêche.

Le mouvement des troupes du général Gœben contre Le Havre, dans les journées des 10 et 11 décembre 1870, étant décrit d'une façon toute particulière et des plus précises, par M. le colonel Rolin, nous empruntons à son bel et intéressant ouvrage : « La guerre dans l'Ouest », le résumé qui va suivre :

CITOYENS,

Au moment où l'ennemi approche du Havre à marche forcée, la municipalité fidèle interprète de la population toute entière, s'est émue à l'idée que des troupes s'embarqueraient pour Cherbourg, alors que l'ennemi était à nos portes.

Le sous-préfet, le maire et ses adjoints se sont rendus à neuf heures du soir auprès du brave général Briand, pour lui exposer les sentiments de la population, et le prier de suspendre l'embarquement des troupes qu'il devait conduire à Cherbourg.

Le général, forcé d'obéir à des ordres précis, était placé entre son devoir qui était de partir et le désir de satisfaire aux demandes d'une population, dont il apprécie le patriotisme.

En conséquence il n'a pu différer son départ, mais il a consenti à laisser au Havre *toutes les troupes, sauf le faible corps déjà embarqué.*

La défense est donc pleinement assurée et la municipalité est heureuse d'en prévenir la population.

Le maire, GUILLEMARD.

(Affiche)

« Le lendemain en effet (1), le comte
de Brandebourg se porta de Bolbec
sur Angerville-l'Orcher où il établit son
quartier général. Il était appuyé par une
colonne plus considérable, composée
d'une brigade d'infanterie, d'un régiment de hussards et de deux batteries ;
ces troupes étaient conduites par le
général de Gœben, qui atteignit le 10
Yvetot et le 11 Bolbec, suivi à une
demi-journée de marche, par le reste
de la 16ᵉ division et l'artillerie de son
corps d'armée. Dès son arrivée à Bolbec, le général de Gœben lança son
avant-garde, jusqu'à Saint-Romain et
Angerville-l'Orcher, pour se mettre en
communication avec la brigade des
dragons de la garde. De son côté, le
comte de Brandebourg poussa le même
jour des reconnaissances sur Le Havre,
dans les directions de Gainneville,
Montivilliers, Criquetot et Gommer-
ville.

» Ces diverses reconnaissances
avaient démontré au général de Gœben,
qu'avec sa seule artillerie de campagne, et une douzaine de mille hommes,
il ne devait pas s'attendre, à enlever
de vive force, la place du Havre ; il
savait qu'elle était couverte par une
ligne de retranchements, qui s'étendait
d'Harfleur à Rouelles et à Bléville (1) ;
en outre, il avait appris que la place

____

(1) C'était le 10 décembre 1870.

(2) Nous avons dit plus haut, dans le chapitre troisième, que Mouchez à dater du jour où il fut investi
du commandement de la place, continua les fortifications commencées par le colonel Massu. A cet
effet, il occupa sans désemparer jusqu'à la fin du
novembre, les équipages de la flotte (soit 600 hommes), les mobiles et les troupes en garnison au

possédait une nombreuse garnison (1),
et que la population était énergiquement décidée à se défendre (2) ; il résolut en conséquence, de s'abstenir de
toute agression et de laisser à ses mouvements, le caractère d'une simple reconnaissance. Il est certain qu'une attaque dans nos avant-postes, l'eût en-
gagé dans une entreprise sérieuse, et
que, dans les circonstances où il se
trouvait, un insuccès eût été pour lui,
matériellement et surtout moralement
un échec des plus graves. » (3)

M. Rolin écrit encore :

« Pour bien comprendre les motifs
de la détermination du général de
Gœben, il est nécessaire de connaitre
les ordres du grand quartier général pru-
sien, relatifs à ce mouvement contre Le
Havre.

Les instructions adressées de Versailles, au commandant en chef de la
1e armée, à la date du 7 décembre,
lui prescrivaient avant tout, de pour-
suivre vivement le général Briand. » (4)

« Si le Havre même, où un important matériel de guerre venant d'Amérique devait, en ce moment même

Havre, trois compagnies de la garde nationale, le
génie et un nombre considérable de terrassiers embauchés par la municipalité du Havre.

A la date du 20 novembre, tout le gros œuvre des
travaux de la défense était terminé, les principaux
ouvrages étaient armés.

(1) 42,344 hommes d'effectif sur le papier suivant
N. Ch. Vesque, 33,000 suivant le colonel Rolin.

(2) La lettre de M. Huchon colonel de la garde
nationale au maire du Havre, à elle seule, en dehors
des autres documents reproduits précédemment, en
donne une preuve évidente.

(3 et 4) Colonel Rolin, la guerre dans l'Ouest.
Paris, Plon et C· 1874, p. 279, 280, 281.

(4) Colonel Rolin — LE guerre dans l'Ouest. Paris
Plon et C· 1874, p. 279 à 281.

être débarqué, pouvait par hazard être pris par un coup de main, on s'en remettait au chef de la 1e armée. Dans aucun cas ajoutait le général de Moltke, Sa Majesté ne veut que la 1e armée s'engage devant Le Havre, dans une entreprise de longue durée. Il faut avoir plutôt constamment en vue, de disperser les forces ennemies, qui s'avanceraient en rase campagne, et par conséquent de reprendre les opérations, contre les troupes battues à Amiens, etc. » (1)

Les instructions données par le général de Manteuffel, à ses chefs de corps, étaient conformes à celles qu'il avait reçues de Versailles. « La mission de la première armée est d'occuper Rouen et Amiens, écrit-il, dans un ordre général, en date du 9 décembre, de surveiller la rive gauche de la Seine, de se maintenir en communication avec la 5· division de cavalerie à Dreux, de protéger la ligne d'investissement au nord de Paris, et de battre l'armée du Nord ou celle du général Briand, si elles prennent de nouveau l'offensive. En conséquence, je décide ce qui suit ;

» Le général Goeben à la mission d'occuper Amiens, et de protéger la ligne d'investissement au nord de Paris. Le général Bentheim occupe Rouen, surveille la rive gauche de la Seine et se tient en communication avec la 5e division de cavalerie à Dreux, ainsi qu'avec le général Lippe à Gisors. Avec le gros de ses forces, le général de Goeben ouvre sa marche sur Amiens, par un

____

(1) V. Blume. Die operationem der deutschen Heere, Berlin La guerre dans l'Ouest. Paris, Plon C· 1874 p 282.

mouvement de reconnaissance contre le Havre, afin de s'assurer si la place peut-être prise par un coup de main. Si cette opération ne lui paraît pas praticable, le général ne s'engage dans aucune entreprise, longue ou sérieuse contre la place, et il marche alors, sur Amiens en suivant le littoral. » (1)

Ainsi donc, « le général de Goeten ne fit que se conformer strictement aux instructions qu'il avait reçues, et s'étant convaincu, au moyen de ses reconnaissances, qu'une entreprise contre le Havre, n'était pas praticable, il laissa comme rideau devant cette place le détachement du comte de Brandebourg et, opérant une conversion à droite à la hauteur de Bolbec, il marcha sur Fauville et Saint-Valéry-en-Caux. » (2)

A la suite de l'engagement survenu entre Gainneville et Gonfreville l'Orcher entre les dragons prussiens et la 1re compagnie de francs tireurs d'Elbeuf, commandés par le capitaine Stevenin, le sous préfet du Havre, annonça â le population par une proclamation, qua nous reproduisons (3) que l'ennemi venait d'attaquer nos avant-postes et que l'heure était venue de montrer à la France, que les cités républicaines ne capitulent pas.

Aussi, en vue des nécessités de la défense de la place du Havre, le com-

____

(1) Watensleben ; Die opérationem der I armee Berlin Rolin la guerre dans l'Ouest. Paris, Plon 1884 p. 282.

(2) Rolin. la guerre dans l'Ouest. Paris, Plon et Cie 1874 p. 283.

(3) Voir document annexce n. 4

mandant Mouchez prit les dispositions suivantes :

1· Arrêté mettant en interdiction la navigation de la basse-Seine.

2· Arrêté interdisant aux officiers de quitter leur poste sans autorisation.

3· Arrêté ordonnant la fermeture des cafés à partir de huit heures du soir. (1)

(2) Voir Documents annexces n· 5 et 6.

Document annexe n° 4

RÈPUBLIQUE FRANÇAISE
LIBETÉ EGALITÉ FRATERNITÉ

Citoyens,

L'ennemi vient d'attaquer nos avant-postes : nous allons enfin pouvoir venger l'honneur de la Normandie et montrer à la France que les cités républicaines ne capitulent pas.

Bien armès, ayant derrière nous la mer, devant nous l'enuemi, il faut résister jusqu'à la mort !

Nous l'avons maintes fois promis : soyous dignes des espérances que fonde sur nous le pays.

Je viens de jurer au Gouvernement de la Défense Nationale, que je répondais de la Victoire.

Il a pris acte de mon serment

Je sais que je puis compter sur vous,
Complez sur moi :
Car je suis fort du concours des dignes Représentants de notre cité, du dévouement de nos chefs militaires et de l'enthousiame républicain de la Garde nationale et de notre population tout entiére.

J'attends donc avec confiance l'heure prochaine où la République décréterra que le Havre comme Chateaudun à bien mérité de la Patrie !

AUX ARMES !
VIVE LA RÉPUBLIQUE UNE ET INDIVISIBLE ! !!

Le sous-préfet,

E. RAMEL.

Le Havre 10 décembre 1870. (1)

(Affiche)

---

(1) Notons qu'à propos de cette proclamation, Mr. Ramel reçut de M. Delattre préfet de Laval une dépêche de félicitations ainsi conçue :

« Mille bravos au cri superbe. Les républicains du Havre si dignes de vous avoir à leur tête sous votre commandement, votre maire, vos officiers et vos soldats, vous sauverez la première ville de la Normandie. »

Document annexe N. 5

Document-Annexe n 5.

REPUBLIQUE FRANÇAISE

Liberté Égalité Fraternité

Le capitaine de vaisseau commandant la 2· division militaire, commandant supérieur de la défense du Havre.

Vu le décret du 14 octobre 1870 concernant la mise en état de siège des places fortes ;

Considérant qu'il importe dans l'intérêt de la défense de la place du Havre menacée par l'ennemi, que chacun des officiers exerçant un commandement ou occupant un emploi, reste incessamment à son poste.

Considérant qu'en face de l'ennemi, toute absence illégate quel qu'en soit le prétexte, doit être considérée comme un manquement grave, aux devoirs militaires en ce moment plus impérieux que jamais ;

Arrête :

Tout officier qui sans autorisation ou motif valable et urgent, aura quité son poste, sera traduit devant une cour martiale, siégeant au Havre à cet effet, et jugé conformément aux usages militaires, et aux lois et décrets qu'il appartiendra.

10 Décembre 1870   Le commandant superieur

E. MOUCHEZ

(Affiche)

Document annexe   n· 6

RÉPUBLIQUE FRANÇAISE

Liberté Égalité Fraternité

Nous, capitaine de vaisseau, commandant la 2· division militaire, commandant supérieur de la défense du Havre :

Vu :

Le décret du 14 octobre 1870 relatif à l'état de guerre,

Considérant que l'arrêté du 10 de ce mois ne remplit pas le but proposé, malgré l'avis donné aux militaires.

Considérant qu'au moment où la place du Havre est attaquée par l'ennemi, officiers, soldats, et habitants doivent consacrer tout leur temps à la défense, et que dès lors les cafés, débits et cabarets, peuvent offrir un véritable danger, notamment pendant la nuit.

Arrêté :*(sic)*

Art 1er A partir de demain 12 décembre, les cafés, débits et cabarets seront fermés à huit heures du soir ;

Art. 2e Toute contravention à cet arrêté entraînera la fermeture de l'établissement, pendant la durée des opérations, sans préjudice des poursuites qui seront exercées.

Art. 3e M. le maire de la Ville du Havre est chargé de l'exécution du présent arrêté.

Le commandant supérieur

Mouchez

Affiche   11 décembre 1870

En même temps le commandant Rallier faisait afficher un ordre prescrivant que, à dater du 11 décembre, tous les chefs de corps devaient assister à 9 h. du matin, tous les jours, au rapport du commandant supérieur accompagnés de leurs adjudant-majors de semaine, afin de pouvoir transmettre immédiatement, les ordres et décisions qu'ils pouvaient recevoir du commandant Mouchez.

D'autre part le lieutenant-colonel Meurdra, commandant du génie, fit sauter le pont du chemin de fer n· 32 sur la Lézarde et barrer le tunnel par un mur crénelé en briques et ciment.

De son côté, en prévision d'un bombardement du Havre, le maire réclama les pompes à incendie, appartenant aux particuliers et fit appel aux citoyens non enrolés dans la garde nationale, pour faire le service de pompiers volontaires.

Au milieu de ces sages dispositions arrêtées par les autorités de la ville, de nouvelles instructions du délégué du ministre de la guerre qui n'approuvait pas la décision prise par le général Briand de partir seul, pour répondre aux objurgations du maire et du sous-préfet, vinrent contre carrer les espérances de la population. M. de Freycinet en effet intimait de nouveau l'ordre à 4,000 hommes, de s'embarquer sans retard pour Cherbourg.

Aussitôt, une députation formée d'officiers de la garde, se rendait auprès du commandant Mouchez pour le prier de donner contre ordre. De son coté le conseil municipal réuni d'urgence fit la déclaration suivante :

« Le conseil, considérant qu'un départ de troupes, en présence de l'ennemi, aurait pour effet immédiat, de faire croire à une défaillance.

» Considérant que la garde nationale et toute la population, veulent se défendre à outrance.

» Proteste à l'unanimité, contre tout embarquement de troupes et adjure le commandant supérieur d'empêcher ce départ, le conseil assumant sur lui, toute la responsabilité de ce fait. » (1)

A la suite d'une manifestation populaire, qui se portait vers neuf heures du soir, précédée d'un drapeau tricolore, vers la sous-préfecture et envoyait une délégation au sous-préfet, pour savoir si *oui ou non,* l'autorité civile, et militaire du Havre, laisserait partir les 4,000 hommes, qui étaient prêts à s'embarquer, M. Ramel sur leur réponse affirmative de se défendre héroïquement, leur dit : « *Citoyens comptez sur moi, comme je compte sur vous.* » De son côté, le commandant Mouchez fort de l'appui du conseil municipal qui dans sa débibération, s'assumait la responsabilité, voulant lui aussi, éviter une émeute, qui pouvait éclater, et être préjudiciable à la bonne organisation de la défense du Havre, en ce

____

(1) Compte rendu analitique des séances du conseil municipal du Havre..

(12 décembre 1870·

moment critique, ou toutes les forces vives de la ville, avaient besoin de conserver toute leur cohésion, pour agir avec efficacité en cas d'attaque, s'il exécutait les ordres du ministre, décida que les troupes ne partiraient pas, et de concert avec M. Ramel sous-préfet, il fit publier par voie d'affiche sa détermination.

Cette proclamation était ainsi conçue :

HABITANTS DU HAVRE

Le Ministre de la guerre, a donné aujourd'hui l'ordre formel, d'envoyer à Cherbourg, au moins 4,000 hommes de troupes actuellement au Havre.

Le conseil municipal dans une délibération fortement motivée, la garde nationale, de nombreux délégués de la population, sont venus successivement apporter, au nom du salut commun, les protestations les plus énergiques contre cet ordre du ministère, à leur avis, moins bien placé qu'eux, pour apprécier les nécessités locales de la défense.

En présence des circonstances. dont la gravité s'accentue à chaque heure, et de l'émo'ion légitime de la population tout entière, le commandant supérieur et le sous-préfet, viennent de répondre au gouvernement, que le départ des troupes du Havre, en ce moment, était inopportun et impossible.

Que toute préoccupation étrangère à la défense disparaisse.

Les autorités civiles et militaires du Havre, sont complétement d'accord avec les citoyens, pour défendre la ville à outrance.

Les forces dont nous disposons rendront le succês facile.

Le commandant supérieur   Le sous-préfet
    MOUCHEZ   RAMEL (1)

De son côté le sous-préfet télégraphiait à Bordeaux où le gouvernement de Tours s'était transféré à la date du 9 décembre :

Sous-préfet à guerre Bordeaux.

Havre 12 décembre 1870

En présence de l'attitude du conseil municipal, de la garde nationale, de la population tout entière, disposée à à s'opposer par tous les moyens et même par la force, au départ des troupes, il nous a paru que donner un prétexte à la guerre civile, lorsque l'ennemi commence son attaque, serait criminel. Qu'un autre exécute votre ordre, je ne saurais quant à moi, assumer une aussi terrible responsabillté. En mon âme et conscience, ce serait une action mauvaise, ce serait aussi votre sentiment, si vous pouviez juger de la situation.

Je ne saurais donc l'accomplir.

E. RAMEL (1)

Et le ministre de répondre de suite :
Guerre â sous-préfet.
Mouchez commandandant.

12 décembre 1870 ·

---

(1) Affiché sur les murs du Havre.

(2) — Dépêche publiée par la presse havraise :

Le gouvernement entend que ses ordres soient exécutés ; je suis chargé en conséquence de vous faire connaître que si vous n'envoyez pas immédiatement à Cherbourg, un minimum de 4.000 hommes de troupes en sus des 2 bataillons amenés, par le général Briand (1), vous engagez de la manière la plus grande votre responsabilité personnelle. Veuillez me faire connaître la suite donnée.

DE FREYCINET (2)

Le sous-préfet s'inclina devant les ordres formels du ministre, en dègageant toutefois sa responsabilité, dans la réponse qu'il lui envoya, ainsi conçue :

Sous-Préfet à Guerre

12 Décembre

Les 4.000 hommes dont vous exigez le départ, au moment où l'ennemi commence son attaque, vont partir. Mais il est bien entendu que vous assumez l'entière et grave responsabilité, des conséquences qu'un pareil ordre peut entraîner, tant au point de vue de la défense du Havre, que de l'émotion et du soulèvement populaires, qui vont se produire. Je dégage complètement la mienne.

E. RAMEL (3)

Sur les instances réitérées de M. Ramel, M. de Freycinet consentit néanmoins à transmettre à Gambetta, alors

---

(1) Le général Briand s'était en effet embarqué le 10 décembre à bord des transports de l'Etat : « Souffleur » et « Hermine » avec 2 bataillons de marche et 5 bataillons de mobiles.

(2) Journaux du Havre.

(3) Publié par la Presse havraise.

à Bourges, l'exposé de la situation et en informa le sous-préfet comme suit :

De   Bordeaux Guerre   à   Sous-Préfet Havre

13 Décembre 1870.

Je transmets à M. Gambetta à Bourges, extrême urgence, les dépêches par lesquelles vous faites valoir les considérations qui doivent s'opposer, selon vous, au départ des 4.000 hommes de troupes, du Havre pour Cherbourg. Ajournez le départ de ces troupes jusqu'à décision de M. Gambetta, à qui je demande de vous télégraphier directement pour gagner du temps.

DE FREYCINET (1)

Les forces dont disposait à ce moment le commandant Mouchez, pour la défense du Havre, suivant M. le colonel Rolin, comprenaient :

2 batailllons de marche

1 régiment de cavalerie de ligne.

1 détachement d'infanterie de Marine

2 compagnies de fusiliers marins

Les équipages de la flotte

Soit 4 à 5.000 hommes de troupes régulières, 13.000 mobiles, autant de gardes nationaux, environ 2.000 francs-tireurs, soit en tout 33.000 hommes et prés de 40.000 si, à cette effectif, l'on ajoutait celui de la garde nationale sédentaire.

« C'eût été un chiffre fort respectable, écrit le colonel Rolin, si la quanti-

____

(1) Archives de la Sous-Préfecture .

té pouvait suppléer à la qualité et le nombre à l'organisation. Ce qui manquait à cette masse d'hommes, pour en faire une armée, ce n'était ni le courage, ni la bonne volonté, c'étaient des cadres. Tandis que les capitulations de Sedan et de Metz, avaient fourni à l'armée du Nord, une grande quantité d'officiers et de sous-officiers, sachant leur métier, les troupes du Havre, en étaient totalement dépourvues ; l'organisation n'existait pas. Tout ce qu'on pouvait donc demander à des bataillons isolés, inconnus les uns aux autres, incohérents et faiblement constitués, c'était de tenir derrière des retranchements. Telle était la situation militaire au Havre, et l'on voit que les autorités de cette ville, avaient eu quelque apparence de raison en protestant, le 9 décembre, contre le départ des troupes qui pouvaient former dans ses murs, le noyau de la résistance, car l'ennemi, allait menacer plus sérieusement la place ». (1)

« Resté seul au Havre, après le départ du général Briand, écrit encore le colonel Rolin, et mis en éveil par les récentes démonstrations du comte de Brandebourg et du général de Goeben(2) le commandant Mouchez résolut avant tout, d'assurer la défense de la place.

(1) Rolin. — La guerre dans l'Ouest, Paris, Plon et Cie, 1874, p. 278 et 279.

(2) Allusion aux reconnaissances prussiennes rencontrées par la compagnie des éclaireurs à cheval du Havre. A ce propos il est bon de dire que dès le 6 décembre un peloton de cette compagnie sous la conduite du commandant Grosos, sur ordre du commandant Rallier, quitte Le Havre pour reconnaître l'ennemi qui s'avançait rapidement vers la Ville.

Par un ordre du 17 décembre (1), il répartit ses troupes en deux commandements et en deux secteurs correspondants : celui de droite, s'étendant de la batterie de la Lézarde à celle des acacias, fut confiée au lieutenant-colonel de Beaumont, celui de gauche, s'étendant de la batterie des accasias à la Hève, au capitaine de frégate Olry, l'artillerie de droite, fut placée sous les ordres du capitaine de frégate, Lehelloco, celle de gauche au chef d'escadron d'artillerie Sauvé ; les chefs de bataillon Rousset et Rolin commandèrent : le premier le fort de Tourneville, le second celui de Sainte-Adresse » (2)

A la suite de ces dispositions, le commandant Mouchez forma une colonne mobile de 8.000 hommes, qu'il plaça sous les ordres du lieutenant colonel de Beaumont, auquel il prescri-

Après avoir exploré les environs, tout en continuant sa marche en avant. cette compagnie d'éclaireurs signale le lendemain la présence entre Yvetot et Bolbec de la cavalerie allemande.

Le Commandant supérieur Rallier télégraphie au commandant Grosos de se replier sur Gainneville et de ne mettre aucun retard a exécuter ce mouvement attendu qu'il est seul dehors et que les troupes sont rentrées dans les lignes. Mais n'ayant pas été inquiété par l'ennemi la compagnie des éclaireurs poursuit ses reconnaissances et le lendemain 8. longeant la voie ferrée, elle se heurte à un détachement de dragons prussiens

Après échange de coups de coups de feu, les dragons croyant les éclaireurs appuyés par de l'infanterie se retirent.

C'est alors que le commandant Grosos envoyait la dépèche que nous avons reproduite plus haut après quoi il se replia comme l'ordre lui en avait été simultanément donné, par le commandant supérieur et le commandant Faure.

(1) Emanant de l'état-major général.
(2) Rolin — La guerre dans l'Ouest. Paris, Plon et Cie, 1874, p. 306.

vit de faire une reconnaissance, sur la route de Rouen, avec l'ordre de l'attendre jusqu'à ce qu'il vint le rejoindre avec de nouvelles troupes, afin de porter lo colonne à 20.000 hommes.

« Le 14 décembre, rapporte M. le colonel Rolin, des Dragons du 10e régiment de la Prusse orientale, apparurent aux environs de Lillebonne ; les trois premiers qui formaient la pointe d'avant-garde, s'étant aventurés seuls dans les rues de cette ville, y furent cernés et démontés par les ouvriers, qui n'employèrent d'autres armes que lenr bras. Lorsque la patrouille que précédaient ces éclaireurs survint pour avoir de leurs nouvelles, les habitants de Lillebonne lui indiquèrent de la main la route du Havre. C'était bien en effet, celle qu'ils avaient suivie, mais comme prisonniers et sous bonne escorte. Après s'être livrés à des recherches infructueuses, pour retrouver la trace de leur camarades, les dragons reprirent la route de Rouen, sans se douter de ce coup de main, exécuté avec autant d'adresse que de résolution » (1)

Nous lisons en effet, dans le *Courrier du Havre*, le seul journal de la localité, qui en fasse mention : « Trois uhlans faits prisonniers sur la place de Lillebonne, dans la matinée, ont été amenés hier soir à l'Hôtel de Ville du Havre. On leur a fait servir à manger au poste où quelques cigares leur ont.

---

(1) Rolin. — La guerre dans l'Ouest. Paris, Plon et Cie 1874. p. 304

été donnés, par des gardes nationaux Un des uhlans paraît âgé de 20 à 22 ans. Il est blessé au côté droit et au visage par suite de coups de sabre et de crosse de fusil, reçus en refusant de descendre de cheval. Les deux autres paraissent avoir de 25 à 26 ans. Ils ont l'air très intelligents, mais ne comprennent pas un mot de français. Lorsqu'on les a conduits à la maison d'arrêt aprés les avoir fait confortablement souper avec de la charcuterie et des viandes froides, ils paraissaient très contents et souriaient même, à toutes les personnes qui se trouvaient sur leur passage.»(1)

Voici donc deux notes qui semblent se confirmer, mais qui demandent à être élucidées sur la question de savoir pourquoi ces soldats prussiens furent-ils démontés et frappés par des ouvriers non armés ?

Ayant un jour parlé à feu notre ami M. Fauvel, alors notaire à Lillebonne de cet incident survenu en la ville où il habitait, nous avons recueilli de la bouche même, de cet homme excellent très érudit en histoire les renseignements suivants, qu'il nous conta avec bienveillance, mais avec aussi un accent d'émotion.

Coïncidence bizarre, c'était lui-même qui était l'involontaire anteur de ces voies de fait, et c'est aussi pour cette raison qu'il s'était refusé de donner des explications à M. le colonel Rolin, qui dut se contenter de publier ce que nous avons rapporté plus haut.

(1) Ccarrier du Havre du 15 décembra 1870 3 page 2me colonne.

M. Fauvel après avoir recherché quelques instants parmi ses papiers classés avec le soin habituel et méticuleux de tous les hommes de loi, retira de parmi, un agenda au millésime de l'année terrible et l'ayant feuilleté, s'arrêta à la page datée du 14 décembre, sur laquelle il avait écrit « Tué trois prussiens » Il nous pria alors, de rechercher da s les journaux de la localité s'il était fait mention de cet incident. Lui ayant par la suite, communiqué la note du *Courrier du Havre*, il nous dit : « Ce n'est pas tout à fait cela. Je me suis toujours refusé de donner des explications à ce sujet. Mais pour vous je parlerai, voici les faits : C'était un mercredi, jour de marché à Lillebonne ; au bout de la grille qui ferme l'ancien cirque romain, face un café borgne. Trois uhlans à cheval étaient là, entourés de paysans. M'étant approché du groupe et m'informant de ce qui sepassait, j'appris que ces soldats en déroute, demandaient la route à suivre pour rejoindre l'armée du Nord ; les uns indiquaient la route de Rouen, les autres celle du Havre.

» Questionnant moi-même, le plus gradé des trois soldats, je lui indiquai le chemin du Havre espérant bien, s'il suivait mon conseil, le voir arrêté lui et ses camarades, par nos soldats. Mais tout en parlant, j'avais pris la guide du cheval, pour le retenir et l'empêcher qu'il ne marcha sur moi. Alors, d'un ton bourru, l'officier, (le soldat le plus en grade) me dit : « Lâ-

che la guide de mon cheval ou je te
fous un coup de carabine. » (1) Je lui
répondis : « Quand je voudrai » vu son
insolence ; mais le voyant me mettre
en joue, j'appelai « A moi les amis ! »
et le culbutant de cheval, les paysans
accourus prés de moi en firent autant
des deux autres. (2) Contrarié de ce
qui se passait, j'arrêtai les paysans qui
dans leur fureur. frappaient du pied les
trois uhlans, se servant même de leurs
armes. . Sur ces entrefaites, le maire
que l'on avait informé, arriva s'enquit
du fait, les soldats furent faits prisonniers, et conduits au Havre. » (3)

Voilà le fait tel quil s'est passé.

Le maire de Lillebonne déclara à M.
Fauvel, que certainement il serait *fusil-
lé* par les prussiens. Et quand peu de
temps après, quinze à vingt uhlans
vinrent à passer à la recherche des
trois prisonniers, on conseillait à M.
Fauvel de fuir, mais comme il nous le
disait « Je restai quand même et je ne
fus pas dénoncé. »

Cependant résigné au sort qui l'attendait M. Fauvel prévint sa femme de
ce qui s'était passé, lui remit les vingt
mille francs qu'il avait sur lui, con-
seillant de quitter la ville et de se ré-

(1) Textuel, et en bon français

(2) Il est à remarquer que M. Fauvel nommé président de « La croix rouge » pour l'arrondissement par
M. le comte de Flavigny en, sa qualité de notaire
avait affaire constamment avec les habitants de Lillebonne et des environs qui l'estimaient beaucoup, et
qui se seraient bien gardés d'abandonner celui qui
accueilla t simplement leurs demandes et les renseι-
gnait de méme.

(3) D'après M. Fauvel, conversation tenue avec
lui, le 28 mai 1895.

fugier dans sa famille, lui disant aussi
que s'il lui arrivait malheur, elle ne se
trouverait pas sans ressources, ayant
caché (1) au pied de chaque poirier du
jardin attenant à la maison qu'il habitait, mille francs en or, soit une ving-
taine de mille francs. Le dimanche qui
suivit, en sortant de l'église où il avait
accompagné sa femme, de nouvelles patrouilles ennemies vinrent à passer. Et
les habitants quelque peu angoissés,
s'attendaient à voir arrêter leur « cher
notaire ». Mais il n'en fut rien et celui
qui, avec autant de sang froid, attendait la mort venir le chercher, pour,
avoir fait blesser et arrêter trois uhlans
put regagner son logis et déterrer ses
louis.

Néanmoins, tout en rendant hommage au courage résigné, de ce brave
et honnête homme que fut M. Fauvel,
il faut louer l'energique aplomb avec
lequel il répondit à l'étranger mena-
çant car en tenant ainsi tête, à l'inso-
lent prussien, et nouveau d'Assas, qui
s'écriait : « A moi, voilà l'ennemi ! »
mais plus heureux que lui, puisqu'il
ne tomba pas sous les balles, en appelant à lui ceux qu'il qualifiait ses « amis »
il permit ainsi que l'on put s'emparer
des trois éclaireurs ennemis, lesquels
conduits en détention au Havre, an-
noncèrent à Mouchez que les prussiens
étaient proches.

Arrivée entre Saint-Romain et les
Trois Pierres, une autre patrouille du
10e régiment de dragons prussiens, ve-

(1) Cette précautionneuse manie de cacher, c'est
bien là le fond de la race Normande.

nue en reconnaissance rencontra six de
nos cavaliers du 3e hussards, partis en
éclaireurs, sous la conduite du maré-
chal des logis Bertrand.

Malgré leur infériorité en nombre,
nos hussards engagèrent la fusillade et
résistèrent résolument, jusqu'à l'arrivée des francs-tireurs du capitaine
Vacquerel. (1)

Dans cette escarmouche les nôtres
eurent un homme tué, un autre blessé,
et un troisième fait prisonnier.

Quand aux dragons ils emmenèrent
un de leurs officiers mis hors de combat, et laissèrent un mort sur le terrain. (2)

A la suite de ce combat, et de la
nouvelle de l'approche de la colonne de
Beaumont, l'alarme fut vive, dans l'é-
tat-major prussien à Rouen et le général de Bentheim, ayant reçu l'ordre du
général Manteuffel, d'envoyer des ren-
forts sur Amiens, pensa qu'il pourrait
être attaqué par les deux rives et ainsi cerné entre deux feux ; aussi en réfé-
ra-t-il de suite, au général en chef, qui
lui répondit que dans le cas, où il serait attaqué par des forces supérieures,
il devrait évacuer Rouen et se retirer
sur Beauvais avec ses troupes. Par suite du renfort qui lui était demandé, le
général de Bentheim se tint strictement
sur la défensive, ses troupes se trouvant
réduites à treize bataillons et trois ré-

(1) Vacquorel faisait partie de la guérilla parisienne.

(2) L. Rolin La guerre dans l'ouest. Paris Plon
et Cⁱᵉ 1874. p. 307

giments de cavalerie, soit 12,000 hommes. (1)

Le général de Bentheim ayant parta-
gé ses troupes en deux lignes, dirigeant
la 1re sur la rive gauche de la Seine, de
Pont-de-l'Arche à la Bouille, la 2e sur
la rive droite de Cléres à Duclair, bar-
rant ainsi la roflte du Havre à Rouen
sur laquelle il avait fait sauter le pont
du chemin de ter, entre Motteville et
Yvetot, le 21 décembre, le commandant Mouchez, à la suite d'un conseil
de guerre pour délibérer sur cet important mouvement de troupes conduisit en avant de Saint-Romain, une colonne composée du 3e régiment de hussards, des mobiles de la Marne et de
l'Oise, des mobiles du 2e bataillon de
la légion du Havre, des tirailleurs havrais, des francs-tireurs des Andelys,
des éclaireurs de la Seine, soit environ
7.000 hommes avec 2 batteries d'artillerie et 3 mitrailleuses.

« Ces troupes écrit le colonel Rolin,
prirent positivn entre les Trois-Pierres
et Bolbec, au lieu dit la Mare Carel,
s'étendant à droite par Mélamare jusqu'à St-Antoine-la-Forêt, à gauche par
Saint-Jean-de-la-Neuville jusqu'à Beuzeville, le commandement en fut confié au lieutenant-colonel de Beaumont,
du 3e hussards, lequel reçut l'ordre de
s'opposer énergiquement, aux incur-
sions de l'ennemi, dont la présence
était signalée aux environs d'Yvetot et
de Fauville. Dans la soiré du 23 le
maire de Bolbec apprit que les Prus-

---

(1) Ces chiffres sont empruntés à la relation de M.
Rolin, La guerre dans l'Ouest, p. 308

siens, devaient diriger le lendemain une expédition contre cette ville, et il fit aussitôt part de cet avis au chef de la colonne française.

Le colonel de Beaumont crut qu'il suffirait d'ordonner, pour la matinée du 24, une reconnaissance d'infanterie en avant de Bolbec ; cette reconnaissance devait être opérée par les francs-tireurs d'Elbeuf, appuyés par les deux premières compagnies du 2e bataillon de mobiles du Havre, le reste du bataillon se tenant dans les pentes boisées, situées en deça de Bolbec. De son côté le colonel Mocquart reçut l'ordre de se porter de Beuzeville sur Nointot. »(1)

Cependant une colonne prussienne de 2.000 hommes, venant à l'encontre de nos soldats, pour reconnaître, les forces, qui étaient en avant du Havre, l engagement commença. A la suite de ce combat, au cours duquel nous avions perdu 10 hommes tués et 16 blessés, les Prussiens firent leur entrée dans Bolbec, en poussant devant eux un certain nombre d'habitants, qu'ils gardèrent momentément comme ôtages. Une heure après, une fois le départ de nos troupes effectué, les Prussiens se retirèrent par Yvetot sur Pissy-Poville ayant soin de faire sauter derrière eux, le viaduc de Bolleville, entre les gares de Nointot et d'Alvimare.

Tandis que le lieutenant colonel de Beaumont avisé que 10.000 prussiens venaient de Dieppe, pour le tourner sur

____

(1) La guerre dans l'Ouest, Paris Plon, et Cie, Kolin 1874 page 309.

sa gauche (1) se repliait sur Harfleur, le commandant Mouchez quittait le Havre pour se diriger par le chemin de fer, avec de nouvelles troupes sur Beuzeville. Mais, arrivé aux environs de Bolbec, où il ne trouva que la 1ʳ compagnie de tirailleurs havrais, il reconnut bien vite que la colonne Beaumont était en pleine retraite, comme le prouvè le télégramme suivant :

Commandaut supérieur a sous-préfet Saint Romain urgence — 24 décembre 8 heures soir

Colonel Beaumont a donné ordre retraite sur Havre à 10h. du matin, parce que colonne de 10,000 Prussiens le tournait par le Nord. Je vous engage à rentrer. Nous ressortirons demain si c'est possible.

MOUCHEZ (2)

Le lendemain, le commandant Mouchez s'empressa de faire occuper Beuzeville par quatre bataillons et prescrivit au reste de la colonne, d'avoir à se préparer à reprendre ses positions en avant. Le colonel de Beaumont étant parti à Cherbourg, avec 3 escadrons du 3e hussards, le commandant Mouchez prit lui-même la direction de cette colonne.

Tandis que se poursuivaient les événements de la Basse-Seine a Saint-Martin-du Parc (19 décembre) à Monfort sur Rille (20), à Iville (21) à Saint-Ouen de Thouberville (23) à Bourgtheroulde (25) à la Londe (27) à Orival (28) et

____

(1) Ce mouvement était imaginaire ainsi que n'avait cessé de le démontrer le sous-préfet Ramel.

(2) Archives de la sous préfecture.

que le général Roy enlevait Château-
Robert le 30 décembre, le commandant
Mouchez se tenait avec sa colonne mobile partie du Havre, entre la Mare Carel et Goderville. Mais sur ces entrefaites, le général Peletingras (1) annon-
cé depuis plusieurs jours au commandant Mouchez et attendu impatiemment
au Havre, arriva enfin dans cette ville
le 29 décembre.

« Aussitôt débarqué, le général Peletingras adressa à la multitude, assemblée sur les quais, un discours qui se
terminait par un mot jadis sublime,
mais alors devenu banal : Vaincre ou
mourrir ! telle est ma devise, s'était-il
écrié en terminant sa harangue, (2)
qui fut couverte d'applaudissements ;
il la répéta peu de temps après du balcon de son hôtel (3) et la fit placarder
le lendemain sur les murs de la Ville. » (4).

Le 30 décembre, au cours de sa
séance, le comité central républicain,
du Havre vota une adresse au général
Peletingras. « pour saluer le chef qui
manquait à la cité et qui allait compléter l'œuvre d'organisation de nos forces
militaires. » Le lendemain il partit
pour Bréauté, prendre le commandement de la colonne mobile.

La prise de possession de son commandement fut inaugurée par un léger
succès. Une reconnaissance envoyée sur
la route de Caudebec, apprit par le

(1) Il avait été pourvu général le 27 décembre 1870
(2) Voir document annexe n· 7
(3) Il était descendu à l'Hotel de l'Europe.
(4) L. Rolin. La guerre dans l'Ouest. Paris, Plon
et Cie 1874 page 331

maire de Bolbec, M. Guillet, qu'une colonne ennemie se portait d'Yvetot sur Bolbec. Averti à temps, le général Péletingeas ordonna au commandant Dornat qui dirigeait le 5· bataillon, de se porter en avant de Bolbec avec 2 pièces de canon, pour déjouer toute tentative de la part de l'ennemi. Celui-ci vigoureusement attaqué par nos troupes se retira en déroute, perdant 55 hommes et nous laissant 12 prisonniers.

De notre côté, nous avions un caporal tué.

Document annexen· 4

RÉPUBLIQUE FRANÇAISE

HABITANTS DU HAVRE

J'arrive pour commander la colonne mobile du Havre, je peux compter sur votre patriotisme éprouvé, et le premier appel que je lni fais, c'est pour lui demander une confiance entière.

J'en ai besoin pour moi-même d'abord, et je la réclame, parce qu'elle est la condition indispensable du succés de nos efforts communs.

Vous avez trop de sagesse pour ne pas comprendre tous les inconvénients qu'il y aurait à ce que j'indique ici, le programme que je me propose de suivre.

Accordez-moi tous votre concours le plus dévoué ; je sais qu'il y a ici plus d'ardeurs, modérer que de cœurs froids à échauffer ; je vous demande donc encore de me laisser le soin absolu d'apprécier l'opportunité des opérations à faire. Vous pouvez d'ailleurs,

être assurés que jamais je n'ag'rai sans
m'être entouré des lumières et des con-
seils,de ceux auxquels votre confiance
est si justement acquise.

Je compte encore sur votre discrétion
la plus compléte, si à un moment donné, vous aviez connaissance de mes
projets.

Il faut que nos ennemis sachent bien
que nous sommes décidés à nous tenir
tous,comme un seul homme et à ne lui
fournir nous-mèmes, aucun moyen de
nous diviser.

Enfin, et puisque vous êtes tous décidés à prendre les armes (j'en vois la
preuve dans les résultats déjà obtenus
par le brave commandant Mouchez)
donnez-moi vous-même, un accroisse-
ment considérable de forces, en étant
dés aujourd'hui des soldats parfaitement disciplinés et remplis de toutes
les vertus militaires, qui font une armée
invincible.

Vive la France vive la République !
Le Havre 29 décembre 1870.
Le général de brigade commandant la
colonne mobile du Havre
E. PELETINGRAS

(Affiche)

Au cours d'un conseil de guerre tenu
le 3 janvier, sous la présidence du
commandant Mouchez et du sous-préfet,
le général Peletingeas déclara qu'il lui
était impossible de tenir en avant avec
des troupes mauvaises, sans cohésion
manquant d'artillerie, de cavalerie et
que la prudence lui conseillait de se
replier et de se tenir sous les canons
des lignes de défense.

Malgré les objections présentées au
général Péletingeas par le commandant Mouchez et les membres du conseil de guerre, il fut décidé que la retraite serait opérée et que le ministre
de la guerre, serait invité à envoyer les
éléments jugés indispensables pour
pour constituer une armée capable de
prendre une offensive sérieuse. De plus
il fut décidé que le sous-préfet envcr-
rait à Bordeaux un rapport détaillé sur
la situatiou.

Le lendemain, le commandant Mouchez partit seul pour avertir le général
Roy, que l'armée du Havre n'était pas
en état de lui prêter son concours et
que dans ces conditions, il devait se
porter en arrière, afin d'échapper à un
retour offensif de l'ennemi. Mais Mouchez arriva trop tard.

Après l'échec du 4 janvier, le général de Bentheim s'étant porté avec
20.000 hommes en 3 colonnes sur les
positions du général Roy, à la faveur
d'un brouillard qui ne permettait pas
de voir à dix pas, toutes nos troupes
de l'Eure avaient passé la Rille, quelques corps s'étaient même repliés jusque sur la Touque.

Le commandant Mouchez qui rencontra au delà de Pont-Audemer les
troupes du colonel Thomas. qui arri-
vaient en désordre, fut témoin de la panique. Les obus pleuvaient dru à Bourg-
Achard et un fourgon ayant fait explo-
sion près de sa voiture, le cocher refusant d'avancer, le commandant Mouchez dut revenir à Honfleur sans avoir
pu voir le général Roy.

Tandis que le général Péletingeas précipitait son mouvement de retraite sur le Havre se sentant serré de près par des forces supérieures, mais qui en réalité étaient de faible importance, il ne s'agissait en effet que d'une reconnaisssance composée d'une compagnie d'un escadron et d'un détachement d'artillerie, les autorités havraises en réponse au rapport adressé par le sous-préfet au gouvernement sur la situation du Havre, recevaient le télégramme suivant :

Bordeaux 4 Janvier 1871

Je forme avec les éléments pris dans le Havre une division qui opérera avec le 19e corps d'armée.

Pour le ministre de la Guerre.

Haca.

Informé de cette dépêche, le général Péletingeas prit les mesures nécessaires pour exécuter les ordres du ministre et former la division qu'il devait conduire à Caen, ne devant laissser au Havre, que les mobiles et mobilisés de la Seine-Inférieure.

Cette décision rencontra une vive opposition de la part du commandant Mouchez, de la municipalité du Havre ainsi que des officiers de la garde-mobile.

Malgré la protestation énergique de ces derniers, contre l'abandon dans lequel allaient les laisser les corps de troupes de l'armée du général Peletingras; le 8 janvier, ce général était prêt à s'embarquer avec le matériel de ses 15.000. Ce départ était fixé le 9 au matin.

« Toute la journée, la population qui voyait la 3ᵐᵒ répétition, depuis les premiers jours de décembre, de ce spectacle écœurant, était dans une effervescence extraordinaire. Des députations des divers comités et groupes administratifs et politiques se croisaient de la mairie à la sous-préfecture, pour inviter les autorités, à user de toute leur influence, afin d'empêcher le départ du général Pelingras. Après l'audacieuse tentative de Gainneville, on se demandait si même les fortifications du Havre mettraient la ville à l'abri d'un coup de main. Le commandant Mouchez déclarait qu'avec les forces qu'on lui laissait, il ne répondait plus de la défense. Le maire Guillemard se décida à signaler cette situation au ministre de la guerre et adressa en conséquence, le télégramme suivant :

Le Havre 8 janvier 1871 2h. 40.

Le départ de la moitié de nos troupes, comprenant les seules en état de marcher, cause au Havre une émotion indicible. L'administration municipale adjure le Gouvernement de laisser au Havre une force jugée suffisante par le commandant supérieur pour la défense sinon ce qui vaudrait mieux, envoyer la cavalerie nécessaire pour compléter notre corps d'armée qui pourrait marcher sur Rouen et le chemin de fer d'Amiens.

GUILLEMARD.

» Cette dépêche ne put être portée à Honfleur le soir même, à cause de l'état de la mer, et l'embarquement devait se faire le lendemain matin. Cependant, grâce aux représentations énergiques du sous-préfet, le général Péletingeas consentit à attendre jusqu'à ce que la réponse du ministre fût parvenue. Elle arriva dans la journée et était ainsi conçue :

« En raison des circonstances majeures et par suite de votre dépêche d'hier 2 h. 40 soir, le mouvement de la division Péletingeas sur Caen est ajourné. Faites-lui reprendre ses positions en avant du Havre. »

» En raison de ces nouveaux ordres les troupes reprirent leur cantonnement le lendemain 10 janvier » (1)

La matinée du 10 janvier fut signalée par un brillant fait d'armes ; l'ennemi étant venu pour canonner nos avant-postes aux environs de Gainneville fut repoussé par la 4e compagnie du 2_e bataillon mobilisé de Rouen (capitaine Lecerf) qui dut se replier à Gonfreville l'Orcher. Sans la courageuse résistance de ce capitaine et de sa compagnie, il est probable que les Prussiens auraient pénétré dans les lignes de défense et auraient peut-être franchi les barrières du Havre. Aussi le commandant Mouchez fit lire devant toutes les troupes de l'armée du Havre l'ordre du jour suivant qui aujourd'hui, constitue un document rendant hommage à la bravoure des soldats qui livrèrent combat à l'ennemi en avant de Gainneville.

<hr>

(1) Leroy — Le Havre et la Seine-Inférieure pendant la guerre de 1870-71 — Paris. Lahure, 1884 pages 202 et 203.

« Le commandant en chef Mouchez félicite vivement et cite à l'ordre du jour
la 4e compagnie du 2· bataillon pour
sa belle conduite devant l'ennemi : les
avant-postes ayant été attaqués ce matin par une colonne d'infanterie de
500 hommes, 200 cavaliers et 5 pièces
de canon, cette compagnie a brûlé
jusqu'à sa dernière cartouche avant de
songer à se replier

Le Havre, 10 janvier 1871 » (1)

A la suite de cet engagement l'armée
du Havre resta établie derrière ses lignes de défense, car à partir de cette
époque, les evènements vont se préci-
piter.

Pour répondre à la demande de M.
Ramel, qui demandait sans cesse un
« général intelligent et énergique, résolu à marcher de l'avant », le gouvernement annonça qu'il envoyait au Havre le général Loysel, avec mission
d'y organiser rapidement, un corps
d'armée de 25,000 hommes, chargé d'o-
pérer sous sa direction, en avant du
Havre (2)

Trois jours plus tard, M. Sadi-Carnot ingénieur des Ponts et chaussées (3)
était nommé préfet de la Seine-Inférieure et commissaire extraordinaire
de la République dans les départements
de la Seine-Inférieure de l'Eure et du
Calvados. 13 janvier.

(1) 1870. Etude de M. S. Frère. Journal de Rouen
supplément du 10 mars 1895.

(2) Ce corps composé de 2 divisions devait être dirigé par le général Loysel et par le général Péletingeas.

(3) Depuis président de la République Française.
Fut assassiné à Lyon par l'anarchiste Caserio Santo
le 24 juin 1894.

« Le jour de son arrivée au Havre écrit M. Braquehais (1) M. Carnot ne perdit pas un instant. Aprés s'être entendu assez longuement avec MM. Ramel, sous-préfet, Ulysse Guillemard maire du Havre et le général Loysel, il telégraphia à Gambetta, pour le mettre au courant de sa nouvelle situation et ensuite il rédigea la proclamation suivante, qu'il fit afficher le lendemain sur les murs de la ville et dans toutes les communes de la Seine-Inférieure, de l'Eure et du Calvados. »

REPUBLIQUE FRANÇAISE

Aux habitants de la Seine-Inférieure de l'Eure et du Calvados

————

Chers concitoyens,

Je suis envoyé au milieu de vous par le gouvernement, pour organiser dans vos trois départements les forces de la défense nationale.

J'arrive et je me mets à l'œuvre.

Travaillons ensemble au salut de la Patrie ; l'union de tous les efforts et le concours de toutes les énergies, assureront le succès de la Sainte cause, que nous avons à défendre.

Je compte sur le patriotisme de chacun de vous, comme chacun peut compter sur mon dévouement.

Le Havre, 16 janvier 1871

SADI-CARNOT

Commissaire extraocdinaire de la Défense nationale
Préfet de la Seine-Inférieure

————

(1) Braquehais. M. Sadi-Carnot préfet de la Seine-Inférieure son séjour au Havre — Havre. Bourdignon 1891 page 5.

« M. Carnot fit appel, au patriotisme et au dévouement des populations
urbaines et rurales, à l'énergie des municipalités, à la loyauté et à la persévérance des officiers, des ingénieurs,
des industriels, des fonctionnaires, il
fit appel à la constance et à la bravoure, des armées de terre et de mer.
Sous son impulsion, les travaux de défense furent rapidement menés. Trouvant dans ses connaissances techniques
les ressources nécessaires, pour cette
tâche difficile, il établit un tracé de fortifications, approuvé par les hommes
compétents, dont il commença l'exécution et qui est resté utile à consulter;
et même réalisable pour l'avenir. » (1)

Malgré l'illusion que l'on se faisait
sur le dénouement, qui attendait la
longue et glorieuse épreuve, du siège
de Paris ; malgré les chants belliqueux
que nos soldats fredonnaient :

> Bismarck si tu continues
> De tous tes Prussiens
> Y n't'en restera guère
> Bismarck si tu continues
> De tous tes Prussiens
> Y n't'en restera plus !

Paris fut bombardé, car ce feu san-
glant, suivant l'expression de Bismarck
proclamée le 18 janvier dans la salle
des Glaces du Palais de Versailles, devant tous les princes et généraux des

______

(1) Ch. Remond. Histoire d'un siècle et d'une fa-
mille : Les Trois Républiques et les Trois Carnot.
Paris. Georges Maurice 1890 et Braquehais. M. Sad-
Carnot préfet de la Seine-Inférieure : son séjour au
Havre. — Havre. Bourdignon 1891 p. 6

armées germaniques « devait célébrer
la restauration de l'Empire d'Allema-

gne » et la nouvelle en parvint au Havre, dès le 10 janvier.

Avant de rien entreprendre, le général Loysel fit rentrer son armée dans les lignes de défense, afin de compléter son organisation. « C'était, dit M. Rolin, ou jamais le moment d'agir, pour opposer une digue au débordement prussien ; il n'y avait plus qu'à marcher, sans perdre de temps, avec les troupes qu'on avait sous la main, si l'on voulait prendre part au dernier et suprême effort, tenté pour le salut de la France. » (1)

En effet, nos forces concentrées dans la place du Havre, formaient un effectif d'environ 33.000 hommes et l'armement comprenait environ 10.000 fusils à tabatière, 6.000 chassepots, 6.000 fusils lisses, 2.000 fusils rayés français, 6.000 sniders, 1.500 remington, 1.000 carabines minié, 500 mousquetons Sharp et Spencer. L'artillerie organisée en 6 bateries mixtes comprenait dix pièces rayées de 4, six canons rayés de 12, six pièces Armstrong. six obusiers de Montagne et six mitrailleuses Gathing. (2)

Pour s'assurer des mouvements que pouvait faire Le Havre, le général Benthevin, lançait en avant de nos lignes de défense, des reconnaissances sans cesse renouvelées, et c'est ainsi, que Dieppe, et Saint-Valery, Fécamp, Etretat, furent visitées par des patrouilles prussiennes, craignant sans doute un

---

(1) Rolin La guerre dans l'Ouest, Paris, Plon et Cie, 1874 page 309.

(2) Ces chiffres sont empruntés au livre de M. Rolin, la guerre dans l'Ouest, page 362.

dèbarquement sur ces points. De plus
« comme le général Loysel profitant de
son affaiblissement aurait pu reprendre l'offensive, la destruction du chemin de ier précédemment opérée à Ec-
tot ne lui paraissant pas suffisante, il
entreprit de faire sauter le viaduc de
Mirville, l'un des ouvrages les plus
importants de Paris au Havre. » (1)

Un détachement mis en marche à cet
effet, arriva dans la matinée du 14 janvier à Bolbec, dont il réveilla les habitants par plusieurs décharges de
mousqueterie. Le capitaine Frantzius
qui commandait cette patrouillle choi-
sit comme otages le maire M. Guilllet
et trois notables de la ville, MM. A. Des-
genétais, Forthomme et Cottard qu'il
envoya à Roumare près le général
Zglinitzki lequel rançonna la ville de
Bolbec, pour une somme de cent mille francs

Et tandis que les pionniers allemands
qui avaient échoué la veille dans leur
première tentative, surpris le 14 au
soir par le capitaine de la Villeurnoy
qui, à la tête d'une douzaine de cavaliers « fondit sur eux avec la même assurance que s il eut été à la tête d'un
escadron » (1) etablissaient leurs four-
neaux de mine sur le viaduc de Mirville, ce même capitaine Frantzius pour
leur permettre de travailler en toute
sécurité, faisait une pointe dans la direction du Havre où derrière ses retranchements et ses canons se tenait la
population havraise prête pour le com-

(1) L. Rolin. La guerre dans l'Ouest. Paris. Plon et
Cie. 1874 page 364

bat, si l'ennemi menaçait ses murs « u-
nie par une étroite communauté de
sentiments patriotiques avec le commandant Mouchez, le sous-préfet Ramel, le maire Guillemard et le conseil
municipal. »

Mais en dehors des fortifications du
Hrvre, tout était « triste misère, déso-
lation matérielle et morale ». (1) En
effet, un decret du 13 décembre 1870,
ayant mis toute la côte entre la Somme et la Seine, sauf Le Havre, en état
de blocus, les fabriques ne travaillant
pas, les ouvriers chômaient, les famil-
les des mobilisés demandaient des secours, la vie devenant de ce fait d'une
cherté extrême, des protestations s'élevaient contre le blocus et les villes de
Fécamp, Dieppe, Saint-Valery, récla-
maient sans cesse contre ce decret.

Ses pouvoirs extraordinaire, lui permettant de tempérer les rigueurs de la
guerre, M. Sadi-Carnot voyant qu'il
s'agissait d'empêcher une innombra-
ble population ouvrière de mourir de
faim, autorisa l'expédition des matières
premières et des houilles, à destination
des fabriques de Bolbec, Lillebonne
Fécamp en notifiant sa décision au
maire du Hivre, auquel il adressa la
lettre suivante :

*Le Préfet de la Seine-Inférieure à M. le
Maire du Havre*

Havre le 20 janvier 1871

Monsieur le maire,

Je crois nécessaire de laisser passer

(1) Leroy — La Havre et la Seine-Inférieure pendant la guerre de 1870-71 — P ris. Lahure, 1884 pages 217.

jusqu'à nouvel avis, les cotons et houilles à destination de Bolbec, Lillebonne et Fécamp. Pour éviter tout abus et tout transport, sur un autre point que les trois désignés, il est convenu que le laisser-passer devra être retourné dans les 24 heures au Havre avec un visa du maire de la localité, constatant que les marchandises sont déposées dans sa commune et y seront employées.

Je vous prie, de vouloir bien donner des instructions en conséquence, [à la commission que vous avez chargé de délivrer des laisser-passer.

Veuillez agréer, Monsieur le Maire, l'assurance de ma considération distinguée.

Carnot

D'un autre côté, des protestations s'élevaient contre l'inaction de l'armée du Havre. C'est ainsi qu'à la date du 14 janvier, le maire de Fécamp, écrivait aux autorités :

« Il est temps d'en finir.... nous sommes désarmés et l'armée que vous avez au Havre, ne sert à rien dans l'arrondissement. » (1)

Un autre écrivait :

« Quand l'armée du Havre sera prête à sortir, elle n'aura plus rien à sauver : tout sera ruiné. » (2)

Et le sous-préfet de répondre au mai- de Fécamp :

« L'armée du Havre est complètement en dehors de mon action. Je déplore beaucoup plus que vous, la situa-

____

(1 — 2) Leroy. Le Havre et la Seine-Inférieure pendant la guerre de 1870-71. Paris. Lahure 1884 p. 222 et 223

tion actuelle et je pourrais vous prou-
ver, qu'elle est l'objet de ma sollicitude de tous les instants. »

Mais à cette heure, la guerre allait
toucher à son terme et bientot au Havre vont parvenir par la voix des journaux anglais, des bruits de négociations, en vue de la capitulation de Paris et d'un armistice général. Ici on y
croyait qu'avec peine, mais une dépêche arrivée de Bordeaux le 29 vers minuit, apporta la confirmation officielle
de cette nouvelle.

Tous les efforts tentés par la délégation de la défense nationale, pour sauver Paris avaient échoué et le chant
de la *Parisienne* plein de défi à l'ennemi, ne retentissait plus à nos oreilles :

Vous n'aurez pas notre grande cité !
    Jamais les grotesques barbares
    N'entreront dans Paris dompté
    Au bruit d'insultantes faufares
Paris c'est ton grand-cœur n'est-ce pas
                [Liberté !
Vous n'aurez pas notre grande cité.

Vous n'aurez pas notre grande cité !
    L'art y ravive sa lumière
    Pour féconder l'humanité
    Ame de la nature entière
Paris c'est le soleil... soufflez donc sa
                [clarté,
Vous n'aurez pas notre grande cité

Vous n'aurez pas notre grande cité !
    Quand Paris, ville aux cent merveilles
    De l'univers était chanté
    Vous bouchiez vos longues oreilles
Ne l'ayant pas compris vous l'avez insulté
Vous n'aurez pas notre grande cité.

Vous n'aurez pas notre grande cité !
  Vous faisiez en souillant vos armes
  D'infamie et de lâcheté.
  Couler tant de sang, tant de larmes
Que nous doutions de tout dans votre im-
                   [punité
Vous n'aurez pas notre grande cité

Vous n'aurez pas notre grande cité !
  Nos palais, nos riches musées.
  Resteront droits, hauts de fierté
  Nous de vos armes méprisées
Nous forgerons des faux pour nos moi-
                  [sons d'été
Vous n'aurez pas notre grande cité

Vous n'aurez pas notre grande cité !
  Et vous n'y viendrez plus j'espère
  De la franche hospitalité
  Faire votre honteux repaire :
Paris paye en remords sa grande charité !
Vous n'aurez pas notre grande cité.

Vous n'aurez pas notre grande cité
  Et quoique indignes de nos haines
  Car nous avons la majesté
  D'un peuple qui brise ses chaînes
Nous détruirons en vous l'immonde cru-
                  [auté
Vous n'aurez pas notre grande cité

Vous n'aurez pas notre grande cité !
  Sa chute était votre espérance !
  Tremblez donc elle a résisté
  Et Paris c'est toute la France.
Votre tombe est ouverte où vos pas ont
                  [porté
Vous n'aurez pas notre grande cité.

Vous n'aurez pas notre grande cité !
  Pour contempler notre courage
  Redoublez de férocité !
  Si la faim trahit notre rage
Tant pis pour l'avenir : Paris aura sauté.
Vous n'aurez pas notre grande cité. (1).

---

(1) Placard illustré de Léon Charly.

Mais hélas ! dans l'ignorance absolue de la situation des armées de promisce, les négociations de l'armistice furent poursuivies par M. Jules Favre (1) lequel par une dépêche au sous-préfet du Havre, en date du 31 décembre, lui disait :

« Paris a traité parce qu'il n'avait plus de pain. Il faut le ravitailler d'urgence. Toutes facilité donnée à cet égard par l'armée allemande.

Réparez de suite votre voie. Aussitôt qu'elle sera libre expédiez tout le disponible en vivres et combustibles par la voie de Rouen et Amiens. Agissez d'urgence. Une assemblée nationale convoquée pour le douze février. Les élections se font le huit. Le gouvernement de Bordeaux est averti, l'assemblée se réunira à Bordeaux » (2)

Apprenant qu'il était question de nommer une assemblée pour traiter de la paix M. Carnot qui deux jours auparavant, le 28 janvier 1871, « accompagné du général Loisel, venait de passer en revue les 10.000 hommes de la garde nationale et les 30.000 hommes de l'armée de Rouen et du Havre la ligne de bataille s'étendait depuis la sous-préfecture jusqu'à la jetée, par les deux boulevards de Strasbourg et de François Iᵉʳ » (3) envoyait cette dépêche à Gambetta. dont il fut le collaborateur, lequel en le nommant préfet de

---

(1) Ministre des affaires étrangères

(2) Archives de la Sous-Préfecture du Havre.

(3) Ch. Vesque. Histoire des ruea du Havre et Braquehais. M Sadi-Carnot préfet de la Seine Inférieure : son séjour au Havre. Le Havre Bourdignon 1891 p. 7

la Seine-Inférieure et commissaire extraordinaire de la République, disait à M. Ramel en l'informant de sa nomination « qu'il était à la hauteur du rôle important qu'il lui avait assigné. »(1)

« Fidèle aux sentiments qui l'ont toujours animée, la démocratie de la Seine-Inférieure émet le vœu suivant :

Pas d'élections ! lutte à outrance ! »

Quand le commandant Harel envoyé à Alvimare, quartier général de l'État major prussien, rapporta le texte authentique de l'armistice, M. Sadi-Carnot dût se rendre à l'évidence, mais il envoya la protestation suivante :

« La délimitation de l'occupation prussienne, telle que la définit la convention signée Bismarck et Jules Favre est inadmissible. El'e conduit à la cession des villes et des territoires libres jusqu'ici de l'ennemi. Sur mon invitation, les municipalités des communes, que les soldats prussiens ont envahi depuis deux jours, protestent de tous les côtés contre l'invasion et notifient leurs protestations aux commandants militaires étrangers. Cette attitude énergique des autorités civiles en impose à plusieurs. Notre câble avec l'Angleterre est à l'ennemi. J'envoie une protestation au commandant prussien, et j'oppose aux fonctionnaires nommés par l'ennemi, des fonctionnaires nommés par moi, avec l'ordre d'assurer la liberté électorale (1).

---

(1) Braquehais M. Sadi-Ca.not p éfet de la Seine-Inférieure son séjour au Havre. Le Havre. Bourdignon 1891 page 1

(1) Braquehais. M. Sadi-Carnot préfet de la Seine-Inférieure : son séjour au Havre. Le Havre Bourdignon 1891 p. 7.

De son côté, le général Loysel écrivit daus le même sens au ministre de la guerre, mais n'ayant reçu aucune réponse, malgré ses protestations énergiques, ne voulant pas admettre la démarcation de la ligne d'Etretat à St-Romain avec la condition de se tenir à dix kilomètres en arrière, raison resta à l'ennemi jusqu'au jour où, du 2 au 3 Février, un accord définitif entre les deux états-majors, reporta la ligne d'Etretat à Saint-Romain, de Fécamp à Lillebonne, avec obligation aux Français de tenir leurs avant-postes à vingt kilomètres en arrière.

De semblables difficultés avaient surgi sur la rive gauche de la Seine. Le duc de Mecklembourg, prétendant que la ligne de démarcation s'étendant à Pont-l'Evêque devait se prolonger jusqu'à la mer, en sorte que, Honfleur, se trouvait comprise dans les limites occupées.

Les généraux Loyset et Dargent protestèrent rigoureusement, car, de Honfleur, l'ennemi pouvait établir ses batteries à 7 kilomètres de la pointe du Hoc et menacer ainsi, vers le sud, la défense du Havre. Enfin les Prussiens décidèrent de ne pas dépasser Fiquefleur, mais, par contre, Honfleur dut verser à l'ennemi, le montant de ses contributions directes.

Le Havre profita de l'armistice, pour continuer ses travaux de fortification. On fit à la hâte quelques relèvements de terre d'un faible profil, mais d'un développement énorme, car vers la fin de fevrier, le Havre, notre dernier point

d'occupation sur la Seine était cette fois
sérieusement menacé, Honfleur étant
au pouvoir de l'ennemi.

En plus des travaux de défense, entrepris ou continués, la réorganisation
de l'armée fut achevée. Les troupes
furent rééquipées, chaussées, munies
de capotes et de couvertures. Les bataillons de mobiles et mobilisés, furent
enregimentés. De plus, les troupes
composant l'armée du Nord, ayant été
transportées de Dunkerque à Cherbourg
pour rejoindre l'armée de la Loire, le
général Loysel en fit détacher pour le
Havre, les bataillons de marche des
66e 72e et 88e de ligne et 4 batteries qui
furent amenées au Havre, par les paquebots transatlantiques ; *Martinique* et
Floride et les transports de l'Etat : *Du-
rance* et *Nièvre*.

Entre temps, on procéda aux élections
qui eurent lieu le 8 février ; l'on chan-
tait alors l'hymme républicain. *Le
Scrutin*, dont l'un des couplets disait :

> De la prudence. Ecartons la colère
> Aux chassepots opposons le dédain
> Notre arme à nous est autrement sévère
> Que les **abus** tremblent à ce refrain :
> Serrons nos rangs, ouvriers, prolétaires ;
> Le temps noircit, l'orage est dans nos flancs
> Pour conjurer nos terribles colères.
> Le *vote* en main luttons contre les *blancs*.

et dont la dernière strophe avant de
reprendre le refrain, après avoir jeté
l'anathème aux imposteurs, disait :

> Mais qui choisir pour refermer l'abîme
> Des rénegats ?... Tous sont marqués au front.
> Que l'homme intègre, inexorable au crime
> Seul ait nos *voix*, et les Rois pâliront

Démissionnaire de ses fonctions la

veille, M. Carnot fut élu aux élections, à l'assemblée nationale, comme représentant de la Côte d'Or, par 42.000 voix (1).

Au moment de son départ, le 19 février, il fit ses adieux à la population du Havre, en leur adressant la proclamation suivante :

CHERS CONCITOYENS,

En arrivant parmi vous il y a un mois, je vous conviais à travailler à la défense de notre patrie.

Les événements plus puissants que nos volontés, nous ont arraché une partie du fruits de nos efforts.

Il nous reste la conscience du devoir accompli. Au milieu des épreuves douloureuses, que nous venons de traverser ensemble, nous aurons du moins contribué dans la mesure de nos forces à affirmer la dignité et l'honneur de la France.

Aujourd'hui, un nouveau devoir m'oblige à vous quitter brusquement. Le 7 février j'ai adressé ma démission au gouvernement ; mais, dans les circonstances où nous sommes, je tenais à ne pas quitter mon poste sans en etre relevé :

J'apprends tardivement, que le département de la Côte d'Or, m'a fait l'honneur de m'élire au nombre de ses représentants, à l'asemblée nationale, et je dois partir en toute hâte, pour aller à temps exercer ce mandat, qui domine tous les autres.

(1) Braquehais— M. Sadi Carnot préfet de la Seine Inférieure : son séjour au Havre— Le Havre Bourdignon 1891 p. 10.

Mais je ne veux pas, chers concitoyens, m'éloigner de vous, sans vous remercier de la vaillante sympathie, avec laquelle vous m'avez accueilli et du concours patriotique que tous m'ont prêté, dans l'accomplissement de ma tache commune (1).

Le général Loysel élu député de l'Ile et Vilaine, était parti le 13 février pour Bordeaux laissant l'intérim du commandement au général Peletingras.

L'armistice, qui devait expirer le 16, fut prolongé au 24, au 26 février, (2) mais les préliminaires de paix étant approuvés par l'assembée nationale, par 546 voix contre 107, la guerre était finie (3), confirmait l'ordre d'abstention de toute reprise d'hostilités, qui avait été télégraphié à tous les corps avancés, y compris la compagnie d'éclaireurs à cheval du Havre, comme l'on peut en juger, par les deux documents ci-après le second contremandant le premier :

ORDRE

Monsieur le commandant des éclaireurs, évacuera St-Jouin à minuit et se portera en reconnaissance sur la route d'Etretat, le plus en avant possible et éclairera l'armée.

P. O. Le chef d'Etat major G^{al}

ROUVAU

---

(1) Braquehais— M. Sadi Carnot préfet de la Seine Inférieure : son séjour au Havre — Le Havre Bourdignon 1891 page 11.

(2) Voir les hors texte n· 8. 9. 10. 11.

(3) Le général Loysel avait voté contre.
Voir l'hors texte n. 12,

M. le Commandant des Eclaireurs
donnera communication de
l'ordre ci-dessus à M. le général Berthe.

Armée du **HAVRE** 2. division n· 171

Quartier général,
27 février 1871.

Le général en chef répond á ma demande par la dépêche suivante :

« Le commandant Grosos doit comme tous les autres c rps reprendre son ancien cantonnement à Saint-Jouin, mais sans le dépasser. »

Le général commandant le 2e division

BERTHE

A Monsieur le commandant des Eclaireurs à cheval (1).

C'était le 1er mars 1871

Dès le lendemain, le commandant Mouchez donna l'ordre de combler les tranchées, de démolir les travaux de défense et de licencier les troupes et afficha l'ordre suivant :

Le capitaine de vaisseau, commandant la deuxième division militaire informe les propriétaires des environs du Havre, que les troupes ont recu l'ordre de combler les tranchées ; pour que ce travail soit plus vite terminé, il invite les intéressés à prêter leur concours le plus actif, afin que les terres soient rendues le plus tôt possible à l'agriculture.

Havre 3 mars 1871

Le capitaine de vaisseau commandant la 2e division militaire.

E. MOUCHEZ.

(1) Documents communiqués

Quittant le Havre quelques jours après, Mouchez laissa le commandement de la division militaire à son dévoué collaborateur de tout instant, le capitaine de frégate Rallier, lequel fut relevé de ses fonctions vers la fin de mars.

Avant leur départ, sur la proposition du maire du Havre, l'administration municipale et le conseil dans sa séance du 7 mars, interprêtes des sentiments de la population havraise, se firent un devoir, de témoigner à MM. Mouchez et Rallier commandants supérieurs des forces de terre et de mer au Havre, leurs plus chaleureureux remercie- ments pour le zèle et le dévouement patriotiques avec lesquels ils avaient entrepris et poursuivi la défense de la Ville du Havre, l'activité qu'ils avaient déployée pendant l'exécution des travaux et les soins incessants qu'ils avaient donné à l'armement.

« Le conseil et l'admisfration municipale, disait cette adrese, sont heureux de constater que c'est aux excellentes et énergiques dispositions prises par ces dignes officiers supérieurs, que le Havre a pu se soustraire à une humiliante et désastreuse occupation de l'ennemi. Il déclarent en conséquence que MM. Mouchez et Rallier se sont acquis d'une manière impérissable, la profonde reconnaissance de la cité, et décident qu'une expédition de la présente déclaration, leur sera transmise pour en conserver l'expression : » (1).

---

(1) Compte-rendu analytique de la séance du conseil municipal du Havre du 7 mars 1871.

Document annexe n· 8

ORDRE DU JOUR

Vu l'expiration prochaine de l'armistice, le capitaine de vaisseau commandant la 2e division militaire et la division navale de la Basse-Seine,

Ordonne à tous les militaires détachés
de leurs corps, à quelque titre que ce
soit, d'avoir à rejoindre leurs batailllons dans les 24 heures.

Ils devront être présents à l'appel du
18 au matin, sous peine d'être pour-
suivis comme réfractaires ;

Les troupes situées dans l'intérieur
de la place seront consignées dans les
forts et casernes à partir du 18 au matin.

La garde nationale sédentaire devra
se prêtre à prendre les armes au premier signal pour occuper aux tranchées
les postes qui lui ont été désignés.

Les navires de la flottille iront occuper également les positions qui leur
ont été assignés.
Le capitaine de vaisseau commandant
la 2e division militaire et navale.

E. MOUCHEZ

Havre le 16 février 1871
(Affiche)

Document anexce n· 9

DEUXIÈME DIVISION MILITAIRE

Un avis officiel daté de Bordeaux 18 février à deux heures du matin, m'informe que l'armistice est prolongée de cinq jours.

En consequence, il sera sursis, jusqu'au 23 févrîer aux mesures prescrites par mon ordre du jour du 16 courant.

Havre le 18 février 1871

Le capitaine de vaisseau commandant la 2e division militaire et navale.

E. MOUCHEZ

(Affiche)

Document annexce n° 10

ORDRE DU JOUR

  L'armistice est prolongé de nouveau jusqu'au *dimanche 26 à minuit* ; il sera sursis, jusqu'au dimanche matin aux dispositions prescrites par l'ordre du jour du 16 courant.

Havre le 23 février 1871

Le capitaine de vaisseau commandant la 2e division militaire et navale.

E. MOUCHEZ

Document annexe n· 11

ORDRE DU JOUR

Le capitaine de vaisseau commandant la deuxième division militaire et la division navale de la Basse-Seine, rappelle les prescriptions de l'ordre du jour du 16 février courant, qui seront exécutoires à partir de demain 26 courant.

En conséquence, tous les militaires détachés dans les établissements particuliers ou en permission, devront rejoindre leurs corps et être présents à l'appel qui sera fait à 2 heures.

Les troupes situés dans l'intérieur de la place, seront consignés dans les forts et casernées à partir de demain matin.

La garde nationale sédentaire devra prendre les armes au premier signal pour occuper aux tranchées les postes qui lui ont été désignés.
Les navires de la flottille iront occuper également les postions qui leur ont été assignées.

Havre le 26 février 1871

Le capitaine de vaisseau commandant la 2e division militaire et navale.

E. Mouchez

(Affiche)

Document annexce n· 12

28e Div. d'inf^e
ETAT MAJOR   Bordeaux 26 février 3. h·

Guerre à Généraux etc.

Abstenez-vous de toute reprise d'hos-
tilité, ordre semblable est expédié sur
toute la ligne par l'autorité allemande.

Général LEFLO

(Extrait des archives de l'Etat-Major de la 2e division)

Document communiqué

Corps d'Armée
du Havre   ORDRE GÉNÉRAL
72

En m'adressant l'arrêté du 7 de ce mois qui prononce le licencement des armées actives, le Ministre de la guerre ajoute :

« Veuillez bien être auprès de vos officiers généraux, officiers de tous grades, sous-officiers et soldats, l'interprète de la reconnaissance du pays pour la constance et les efforts qu'ils ont déployés dans cette campagne et grâce auxquels il est permis de dire que nos armées, en cessant d'être heureuses, n'ont pas cessé de le mériter. On a pu épuiser leurs forces mais non leur courage, et la nation compte qu'ils ne failliront pas aux nouveaux devoirs qui les attendent. »

Je me sépare de vous, dans des circonstances douloureuses, mais avec ce ferme espoir que l'expérience que vous avez acquise portera ses fruits. Vous avez compris comme la population patrioque de cette grande ville, qu'était votre base des opérations, que la discipline, la soumission, la patience à endurer les fatigues sont autant que la valeur militaire, des éléments indispensables au succès. Soit que vous rentriez dans vos foyers, soit que vous restiez sous le drapeau, vous conserverez intact le sentiment de vôs vertus guerrières. Vous en donnerez l'exemple, vous les propagerez parmi les populations qui nous suivent. De notre union, de nos efforts courageux ; de notre esprit militaire dépendent la grandeur et l'intégrité de la France, qui doivent rester notre espérance la plus chère.

Fier de vous avoir commandés, je s rais heureux de vous avoir sous mes ordres, si les circonstances rendaient de nouveaux efforts nécessaires.

Au quartier général au Havre, le 13 mars 1871.

Le général Commandant en chef

LOYSEL

Dans cette même séance, le conseil municipal considérant le zéle et le dévouement patriotiques au-dessus de tout éloge, apportés par M. Ramel dans l'œuvre de la défense, exprima au sous-préfet ses vifs et sincères remerciements pour son énergique concours.

Tandis que quelques jours plus tard le général Loysel adressait à ses troupes, en se séparant d'elles, un ordre général, qui est en même temps un témoignage de satisfaction, rendu à la bravoure, à la constance et à l'activité des soldats de l'armée du Havre, qui en toute réalité, suivant même sa propre expression, « en cessant d'être heureux pendant cette campagne, n'avaient pas cessé de le mériter » (1), avant d'envoyer sa démission au ministre de l'intérieur le priant de le relever de ses fonctions sur le champ « ne pouvant s'associer aux actes d'un gouvernement qui ayant promis d'une manière solennelle de n'accepter qu'une

______

(1) Voir document annexce n° 13

paix honorable, venait de signer le des-
honneur de la France » (1). M. Ramel
adressa aux habitants du Havre la proclamation suivante, qui fut affichée
en ville.

Chers Concitoyens,

Avec la paix se termine la mission
que m'avait confiée le gouvernement
de la Défense nationale.

La reprise possible des hostilités m'a-
vait ramené pour quelques jours dans
cette ville, car je tenais à partager avec
vous, jusqu'au bout l'honneur de la défendre.

Cette éventualité est définitivement
écartée. Plus favorisé que les autres
parties du département, si cruellement
éprouvées, la ville du Havre, sinon
l'arrondisement tout entier, aura du
moins été préservée des maux et des
douleurs de l'occupation.

Ce sera le seul allégement aux regrets que j'éprouve en me séparant de
vous, qui m'avez si vite accordé
droit de cité, donné toute votre confiance, et rendu si facile ma tâche par
votre dévoué et patriotique concours.

En arrivant ici, il y a six mois (six
mois qui ont été des années) je vous
disais que ma seule ambition serait
d'emporter votre estime et votre sympathie. Ce sera ma plus précieuse récompense si, comme le dit ma conscience, vous jugez que j'ai accompli
mon devoir.

Un dernier mot, mes chers concitoyens,
Au milieu des plus affreux désastres,

____

(1) Lettre de M. Ramel au ministre.

qu'ait traversé une nation, nous n'avons pas un seul jour désespéré, pas même après la chute héroïque de Paris. Aujourd'hui encore, sachons, malgré le désespoir qui déborde de notre âme, envisager résolument l'avenir.

Dans ce gouffre ou nous a précipités la folie d'un souverain.... (1) le pays est menacé de périr si, sans retard, nous ne nous mettons énergiquement à l'œuvre pour reconstruire une France nouvelle et forte.

C'est hardiment qu'il faut rompre avec le passé, apporter des réformes radicales dans notre organisation sociales, dans nos mœurs, dans nos institutions. Il faut enfin qu'à une nation frivole, insoucieuse de ses destinées, fasse place un peuple sérieux, régénéré, instruit par l'expérience, retrempé par le malheur.

Ainsi la France pourra reprendre son rang en Europe, et avoir un jour à défaire par la force l'œuvre d'iniquité qui lui est imposée par la force et contre laquelle nous ne cesserons de protester de toute notre énergie.

Vive la France ! Vive la République !

Le sous-préfet

E. RAMEL (2)

Havre le 4 mars 1871

---

(1) C'est une erreur de croire, comme on l'a trop souvent répété, que ç'est Napoléon III qui est l'auteur de la guerre. Il est indiscutablement établi, que nous n'avons pas été en 1870, le jeu de la folie d'un souverain : mais bien celui d'un faussaire : Bismarck, que l'Histoire a rangé parmi les hommes néfastes de notre temps.

(2) Affiche.

Indépendamment de son ordre général à l'armée du Havre, le général Loysel, les commandants Mouchez et Rallier et le général Peletingras, accordèrent des témoignages de satisfaction aux compagnies qui s'étaient fait le plus remarquer, pendant l'organisation et les opérations de la défense du Havre. Si « le rôle primordial de la cavalerie sur le champ de bataille, comme l'écrivait dernièrement. un écrivain militaire, M. le colonel Robert, comme dans toutes les autres circonstances, est de rechercher la cavalerie adverse, et de leur livrer un combat suprème sans merci ; elle doit s'engager à fond, et ne pas se préoccuper des pertes qu'elle subira ; c'est là, le premier gage du succès » (1) et que de ce fait, on ne saurait yassimiler, les cavaliers du Havre, commandés par M. Grosos, dont le rôle se bornait exclusivement à éclairer l'armée du Havre, en lui fournissant tous les renseignements désirables, sur la marche de l'ennemi, on ne saurait nier que cette compagnie n'ait joué, sinon un rôle considérable dans les opérations défensives de la place quoique ayant à diverses reprises essuyé et échangé des coups de feu, du moins, intéressant, rendant de réels services comme le prouve les trois documents ci-après, que nous nous plaisons à reproduire ici.

1· Je reconnais avec plaisir, comme commandant supérieur du Havre, les bons services rendus pendant la guerre

____

(1) Colonel F. Robert. — Manœuvres d'armée : la cavalerie sur le champ de bataille. — France militaire du 20 Janvier 1897.

par le corps franc des éclaireurs à cheval du Havre, formé et commandé par M. Grosos.

Ce corps s'est toujours fait remarquer par sa discipline, sa bonne tenue et son activité.

Les chefs de colonne ont toujours réclamé un certain nombre de ces cavaliers pour éclairer leur marche et n'ont eu qu'à se louer de leurs succès.

Je leur donne donc, ainsi qu'à leur chefs, un témoignage complet de satisfaction.

Le commandant supérieur,

RALLIER

(Document communiqué)

Le Havre 17 mars 1871

2. Le corps des éclaireurs à cheval du Havre remarquablement discipliné et parfaitement commandé par M. Grosos a rendu depuis sa formation jusqu'au dernier jour, les meilleurs services, principalement pour couvrir l'armée, fouiller le pays, etc.

Le général commandant en chef

le corps d'armée du Havre

C. LOISEL

3. Les éclaireurs, MM. les officiers et M. le commandant Grosos, ont payé de leur personne avec empressement toutes les fois qu'on a eu besoin d'eux.

Le Havre 14 mars 1871

Le général commandant la 1re division du corps d'armée.

PELETINGEAS

« Quoiqu'il en soit, écrit M. Leroy, s'il n'a pas été donné aux canonniers du Havre de mesurer la portée de leurs pièces, il restera toujours à l'actif de cette ville, pour son honneur et pour sa récompense que, pouvant être enlevée par un coup de force le lendemain de la prise de Rouen, elle est restée maîtresse d'elle même jusqu'à l'heure où les évênements se sont arrêtés (1). »

Et si le brave commandant Mouchez pouvait à la date du 5 mars 1871, écrire au chef (2) du bataillon des canonniers-marins, en remerciant ces braves volontaires de leurs services.

« Vous n'avez pas eu sans doute l'occasion de combattre, mais vous pouvez au moins vous retirer dans vos foyers, avec cette conviction que si l'ennemi n'a pas attaqué le Havre quand il s'est présenté devant nos lignes, c'est parce qu'il y a aperçu votre puissante artillerie et vos braves marins prêts à s'en servir » l'on peut proclamer hautement, que le but si souvent désiré et si ardemment poursuivi, depuis le commencement des opérations, par toute la population havraise et par les citoyens préposés à sa défense, et à la tête desquels se trouvait le capitaine Mouchez, commandant supérieur des forces de terre et de mer au Havre, a été atteint car l'ennemi n'ayant pas franchi ses murs *la cité françoise*, comme l'on appelait le Havre, au moyen-âge est restée *française* et que comme

(1) Leroy, précité, p. 242
(2) M. Libert

à Pavie, *le Roy chevalier*, (1) son fondateur, si l'ennemi s'était rendu maître de la place le commandant Mouchez aurait pu dire :

« TOUT EST PERDU FORS L'HONNEUR ! »

31 mai 1895

FIN

---

(1) François 1er roi de France, né à Cognac en 1494 fils de Charles d'Orléans, comte d'Angoulème et duc de Valois, monté sur le trône en 1515, il vainquit les Suisses à Marignan et conquit le Milanais. Il disputa à Charles Quint la couronne d'Allemagne et de cette rivalité sortirent les guerres signalées au début par la bataille de Pavie suivie du traité de Madrid (1526). A peine remis en liberté il recommença les hostilités qui se terminèrent par la paix de Cambrai (1529). Il envahit la Provence, mais dut conclure à Nice un traité de paix (1538). Il signa la paix de Crépy avec Charles-Quint en 1544 malgré la victoire de Cérisoles. Il mourut en 1847. François 1er a mérité le titre glorieux de Père et restaurateur des lettres. Il a suivi le mouvement de la Renaissance et suivi les traces des Médicis. On lui doit le haut enseignement du collège de France et notre imprimerie nationale.

ERRATA :

Index alphabétique des noms cités en dehors de Mouchez

TABLE DES MATIÈRES

TEXTE

DOCUMENTS-ANNEXES

GRAVURES